KB074211

사실은
이렇게
말하고 싶었어요

사실은 이렇게 말하고 싶었어요

공감의 대화법을 찾아 나선
소심한 라디오PD의 여정

이진희 지음

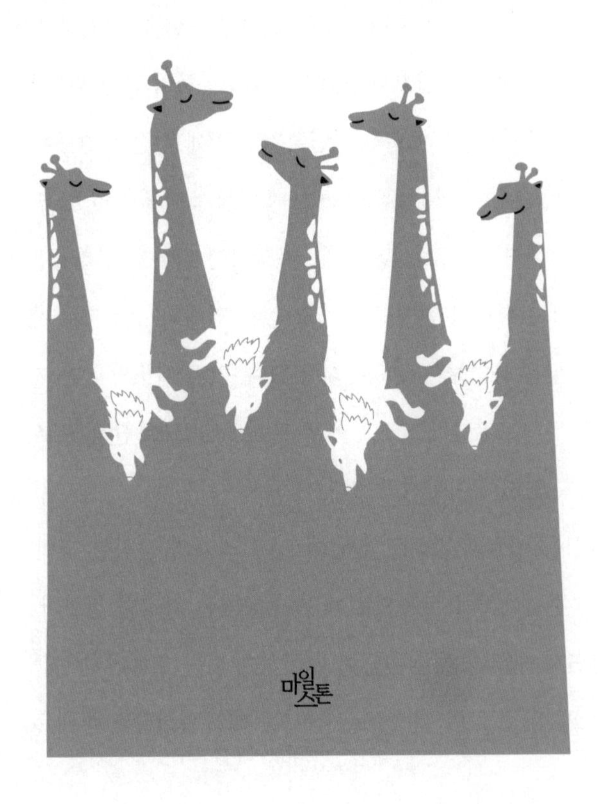

추천사

대화라는 기쁨의 정원

2016년 초, KBS 라디오PD로부터 메일을 한 통 받았다. 매일 장소와 대상이 바뀌는 직업상의 산만함을 최소화하기 위해 방송 활동을 자제하고 있던 터였다. 메일을 확인하기도 전에 거절을 염두에 두고 읽기 시작했는데, 어느새 내 마음은 보낸 이에게 머물고 있었다.

비폭력대화로 살고 싶은 마음, 자극적인 단어로 청취율을 올리는 방송계에서 평화의 언어를 전하고 싶은 열정과 그것으로 세상을 변화하고 싶은 욕구들이 정확하게 읽혔다. 이런 태도와 꿈을 가진 사람이라면 만나보고 싶었고, 그 이후 팟캐스트 〈대화만점〉으로, 그리고 지금까지 인연이 이어지고 있다.

《사실은 이렇게 말하고 싶었어요》는 작가의 솔직한 고백이다. 그 안에는 결핍을 풍요로움으로 바꾸어 나가는 과정과 경험이 녹아 있다. 살면서 내 의도와 상관없이 맞이하게 되는 고통의 순간들과 자꾸 돌아보게 되는 삶의 실수들을, 작가는 비폭력대화를 통해 공감하면서 자신과 주변 사람들을 연결하며 살아가고 있다. 그 모습을 응원하며 감사를 전한다.

우리 모두의 삶은 경이롭다. 매순간 우리는 느낄 수 있고, 아름다운 욕구와 만날 수 있으며, 대화를 통해 서로의 인간성을 회복할 수 있다. 그렇게 질적인 연결을 이루며 서로 회복된 인간성과 만나는 과정은 아름답고 찬란하다.

편안하고 쉽게 비폭력대화를 전하는 이 책이 우리 모두의 진실함과 만나는 소중한 순간이 되기를 바란다. 이 마음을 담아 대화라는 기쁨의 정원에 여러분을 초대한다.

비폭력대화 국제공인 트레이너, 전 한국비폭력대화교육원 대표

이 윤 정

프롤로그

이제 아픈 말은 담지 않는다

2013년 초봄, 상담은 어느새 일 년을 넘기고 있었다. 상담을 시작한 이유는 나도 모르게 일주일에 몇 번씩 갑자기 눈물이 터져 나왔기 때문이다. 처음엔 혼자 있는 시간이나 주말에 가끔 그러더니 언젠가부터 다른 사람과 함께 있을 때도, 사무실에서도 울음이 차올랐다. 평소 피곤하다는 느낌 말고는 특별한 감정이 들지 않았던지라 왜 눈물이 나는지 의아했다.

병원을 찾았다. 의사는 '우울증'이라는 진단을 내렸다. 약을 받아 들고 나오는데 영 내키지 않았다. 다른 병원을 찾아가거나 약물 치료를 시작하는 것 외에 다른 방법이 없는지 알아봤다. 지푸라기라도 잡는 마음으로 상담을 시작했다.

상담 선생님은 약간 뚱한 표정으로 내 이야기를 듣더니 일주일에 한 번씩 6개월 정도 해보자고 제안했다. 한 주 한 주 선생님을 믿고 상담에 임했다. 그런데 뭔가 정리된다 싶다가도 어김없이 새로운 문제가 터져 나왔다. 사계절을 다 보내고 해마저 넘긴 상황이라 약간 지친 상태이기도 했다. 그래도 나를 가장 힘들게 한 '수시로 눈물이 터지는 현상'이 나아졌고, 오랫동안 고민해온 문제도 나름 답을 찾은 뒤였다. 상담을 그만하고 싶었다.

선생님께 말씀드리자 아쉬워하면서도 내 선택을 존중해주었다. 그간의 변화와 감사를 나누고 일어서려는데 선생님이 조심스럽게 한마디 덧붙였다.

"진희 씨는 대화법만 조금 바꾸면 많이 좋아질 텐데요. '비폭력대화'라고 들어봤어요?"

'나로 말할 것 같으면' 그 어렵다는 언론사 면접을 통과한 사람이다. 내성적이라 나서지 않아서 그렇지 꼭 말을 해야 하는 상황에서는 꽤 잘하는 편이라고 자부한다. 지금까지 살면서 어디 가서 말로는 빠지지 않는다고 생각했다. 이 생각이 얼마나 큰 착각인지 깨닫는 데는 얼마 걸리지 않았지만 당시엔 조금의 의심도 없었다. 그래서 대화법을 바꿔보라는 말에 황당했다. 한 귀로 듣고 한 귀로 흘렸다. 상담의 무거운 짐을 빨리 털어내고 싶은 마음도 컸다.

대화법이라는 단어를 다시 떠올린 건 그로부터 2년이 지나서였다. 오랜 시간 받은 상담이 무색할 만큼 마음을 돌보지 않고 일과 성취에 만족하며 지냈다. 불시에 울음이 터지고 무기력해지는 증세가 또다시 나타났다. 휴대전화에 저장된 전화번호는 수백 개가 넘었지만 정작 내가 힘들 때 있는 그대로의 나를 보여줄 사람은 한 명도 없었다. 하지만 상담실이나 신경정신과를 전전하고 싶지는 않았다. 밑져야 본전이라는 마음으로 기억을 더듬었다.

무슨 대화였더라? 비폭력대화가 생각나지 않아 '대화'로 검색을 시작했다. 수많은 화술과 화법, 스피치 자료가 쏟아졌다. 강사들은 재미있고 자신 있게 이야기를 풀어놓았다. 볼 때는 흥미롭고 유익하다는 생각이 들었지만 보고 난 뒤의 내 대화가 달라지지는 않았다. 대부분은 내가 할 수 없는 기술처럼 보였다. '성공'이나 '설득' 같은 단어들이 수식어로 등장했지만 이런 대화법은 내가 원하는 것과는 거리가 멀었다.

왜 선생님이 내게 대화법을 바꿔보라고 했는지 곰곰이 생각했다. 상담할 때 "그때 어떤 느낌이 들었어요?"라는 질문을 자주 받았다. 그때마다 얼어붙었다. 어떤 상황에서 어떤 느낌을 느끼는 게 '맞는 것'인지 생각하기 바빴다. 느낌이 떠오르긴 했지만 그 느낌이 정답인지 아닌지 전전긍긍하며 눈치를 봤다.

나는 내 감정을 잘 알고, 적절한 때에 적절한 대상에게 적절한 방법으로 표현하고 싶었다. 주변 사람들에게 말로 상처 주지 않고, 폭력적인 말로부터 나를 지키는 방법을 알고 싶었다. 소소한 매일의 대화를 풍요롭고 평화롭게 가꾸는 방법을 익히고 싶었다.

대화를 의식하자 지금껏 살아오면서 나눈 내 대화가 떠올랐다. 누구도 대화를 제대로 가르쳐주지 않았지만 사는 내내 쉬지 않고 해왔다. 한 번도 깊이 생각해보지 않았으면서 잘한다고 착각하고 있었다.

가족과의 대화는 빈곤했으며, 직장에서의 대화는 피곤했다. 묵묵히 들었더니 사람들은 나를 이야기를 잘 들어주는 사람으로 오해하고 자기 감정을 쏟아 부었다. 어지간해선 거절을 하지 않았더니 만만한 사람이 되어 있었다. 남의 요구에 끌려다니느라 정작 내가 무얼 원하는지 몰랐다. 가장 큰 문제는 내 안에 쌓인 감정을 제대로 다루지 못하고 부적절한 타이밍에 부적절한 대상에게 부적절한 방법으로 표현하는 것이었다. 소중한 사람에게 말로 상처를 주고, 나 자신에게도 솔직하지 못했다. 타인과의 관계도, 나 자신과의 관계도 엉망이었다. 거기서 오는 수많은 감정이 쌓이고 또 쌓였다가 불시에 눈물로 터졌다.

다행히 비폭력대화NonViolent Communication,NVC와 다시 만났다. '전 세계인의 대화법 교과서'라는 말답게 여러 책에 참고 자료로 등장하고, 강의에 자주 언급되었기 때문이다. 한국비폭력대화교육원의 수업을 듣고, 팟캐스트 〈대화만점〉을 만들어 많은 이들과 대화에 관한 고민을 나눴다. 온라인과 오프라인으로 모임을 만들어 꾸준히 연습한 지 햇수로 7년이 되어가는 요즘, 나는 많이 변했다.

왠지 모르게 불안했던 하루하루가 대체로 편안하고 평화로워졌다. 갈등은 여전히 생기지만 불필요하게 에너지를 빼앗기지 않을 수 있다는 생각에 두렵지 않다. 안전한 관계가 나를 단단하게 붙잡아준다는 믿음 덕분에 든든하다. 대화를 나누고 후회하며 이불을 발로 차는 일이 줄었다. 예전 같으면 생각하지 못했을 여러 시도와 도전으로 성장하고 있다. 심지어 삶이 재밌기까지 하다.

나는 공감 능력을 타고나지 못했고, 어린 시절을 불안정한 애착 속에서 자랐고, 내향적이고 소심하기까지 하다. 이 점들은 자격지심이 되어 나를 늘 붙잡았다.

나의 과거와 성격은 지금도 그대로다. 쉽게 바꿀 수도 없다. 다만 대화법을 바꿨을 뿐이다. 그 덕분에 자존감이 높다는 게 어떤 느낌인지, 무엇이 공감인지 구체적으로 알게 되었다. 이유도 모르게 눈물이 터지던 내가 안심하고 그저 웃는다. 이 살가운 변화를 당신과 하나하나 나누고 싶다.

2022년 여름,

마음을 담아 이 진 희

3장

본격적으로, 비폭력대화

4장

두려운 대화 상황

5장

함께, 상처를 회복하다

1장

내가 하고 싶은 말

제가 말은 곧잘 하는데요?

라디오PD는 여러 사람의 말을 듣고, 녹음하고, 편집한다. 시민 인터뷰에 등장하는 일반인부터 출연자인 교수나 전문가, 그리고 성우나 아나운서, 배우, 연예인처럼 배우고 노력해서 다듬은 사람까지 정말 다양한 사람들의 말을 듣는다.

PD라는 직업상 나도 지금까지 수많은 사람들의 말을 들어왔다. 그래서인지 종종 누군가로부터 자신의 목소리나 말투를 살펴봐달라는 부탁을 받곤 한다. 그때마다 나는 되묻는다. 화법을 고치고 싶은 것인지, 대화법을 연습해보겠다는 것인지 말이다. 생각보다 많은 사람이 화법과 대화법을 혼동하고, 말투를 바꾸는 것만으로 대화를 잘하게 된다고 생각하는 것 같다.

당연한 얘기지만 목소리가 멋지고 말투가 친근하면 듣기 좋다. 듣고 있으면 빠져들고, 같은 내용도 더 믿음이 간다. 반대로 불필요한 특정 단어를 반복하거나 집중을 흩뜨리는 습관을 가진 사람의 말은 아무리 맞는 말도 귀에 잘 들어오지 않는다. 호흡이나 발성, 자세와 손동작 같은 비언어적 요소도 중요하다. 이렇게 말하는 방법을 '화법'이라고 한다.

화법은 발성을 배우고 나쁜 습관을 고치면 어느 정도 바꿀 수 있다. 전문가가 옆에서 객관적으로 보고 조언해주면 더 효과적이지만 그렇게 하기 어려우면 혼자 연습해도 괜찮다. 반복해서 연습하고, 녹음해서 모니터하다 보면 조금씩 나아진다.

그에 비해 대화법은 한층 어렵다. 서로 주고받는 말을 통해 공감하는 '상호 작용'이기 때문이다. 다시 말해 역동적이다. 대화하는 주체의 감정과 욕망이 대화를 움직인다. 스스로 말은 곧잘 한다고 여기는 사람들이 막상 대화에는 서툰 이유가 여기 있다.

운전을 상상하면 쉽다. 화법은 자동차 모는 법을 배우는 것이다. 차의 각 기능을 알고, 기본적인 운전 기술을 익혀야 한다. 대화법은 도로 주행에 가깝다. 운전면허를 따고 혼자 공터에서 아무리 연습을 많이 해도 막상 도로에 나가려면 긴장된다. 다양한 상황에서 능숙하게 운전하는 것은 다른 차원이기 때문이다. 다른 차와 보행자, 교통 신호 같은 외부 요인에 신경을 써야 한다. 운전하는 차를 이해하고 다루는 능력은 기본이고, 목적지와 경로도 잘 알아야 안전하게 갈 수 있다.

다른 차의 움직임을 잘 살피고, 차선을 바꿀 때는 깜빡이나 비상등으로 의사 표현도 적절히 해야 한다. 흐름에 맞게 속도를 내고, 때로 양보도 해야 한다. 화법과 대화법은 다르다. 차를 운전할 줄 아는 것과 도로에 나가 운행하는 것이 다르듯 말이다.

해볼 만한 노력,
대화법 연습

화법을 배우는 일은 시작하기 어렵지 않다. 세련된 사람이 되는 과정처럼 느껴지기도 한다. 쉼 없이 자기를 표현하는 요즘 시대에 더할 나위 없이 필요한 기술로도 보인다. 서점의 자기계발 코너에 가면 스피치나 화술, 말투 관련 책들이 한자리를 차지하고 있다. 남녀노소를 불문하고 그 앞을 서성이는 걸 보면 누구에게나 '말'을 잘하고 싶은 욕망이 있나 보다.

그런데 대화법을 연습해보자는 제안에 대해서는 '문제가 있다'는 지적으로 느끼는 것 같다. 상담이나 치료를 받아보라는 말을 들은 것처럼 사람들은 약속이나 한 듯 멈칫한다. 스스로 말을 곧잘 한다고 생각하는 사람일수록 더 당황하고 불편한 기색을 보인다. 나 역시 상담 선생님께 대화법을 바꿔보라는 말을 듣고 '태어나서 처음 들어보는 말이네. 내가 대화를 못한다는 뜻이야? 내 말이 어디가 어때서? 지금까지 어디 가서 말로는 안 빠졌다고!'라며 거부감부터 들었다.

평소에 굳이 앞에 나서는 스타일은 아니지만 과제 발표처럼 여러 사람들 앞에서 말을 해야 하는 순간에는 그럭저럭했다. 미리 준비하고 연습하면 할만 했다. 하물며 내 직업은 수차례의 면접을 거쳐 얻어낸 자리가 아닌가! 이런 생각에 상담 선생님의 조언은 한 귀로 듣고 한 귀로 흘려보냈다.

용기를 내어 공부해보겠다고 결심해도 꾸준히 하기 쉽지 않은 것이 대화법이다. 생각보다 금방 나아지지 않기 때문이다. 대화법은 내면과 깊게 연결되어 있다. 지나 보면 스스로 이해되지 않을 만큼 특정한 말에 화가 나거나 낙심하는 이유도 내 안의 어딘가에 그 뿌리가 있어서다. 요령을 부려 아닌 척하거나 괜찮은 척할 수는 있다. 하지만 그 뿌리와 직면하지 않으면 비슷한 상황이 닥쳤을 때 똑같이 대처하거나 더 무기력해진다. 말투만 바꾼다고 대화가 달라지지 않는 이유다.

타인과 사회를 바라보는 가치관도 대화에 반영된다. 상대를 경쟁 대상으로 생각하고 이기려 하는 대화와 공감의 대상으로 생각하고 깊이 연결되려는 대화는 다를 수밖에 없다. 아무리 상냥하고 긍정적인 화술을 배워도 마음에 불신과 폭력이 자리 잡고 있다면 어느 순간 드러나기 마련이다. 그래서 대화법은 화법이나 화술처럼 단시간에 포인트 레슨을 받을 수 없다.

대화법을 공부하면 할수록 마음이 더 아프고, 한동안 말수가 줄어들며, 오히려 더 대화를 못하는 사람이 되는 기분이 든다. 하지만 그만큼 해볼 만한 노력이다.

화법은 발표나 진행처럼 특정 상황에 닥쳤을 때 두드러진다. 앞에 나설 일 없는 사람에겐 아무래도 활용도가 떨어진다. 반면 대화법은 거의 모든 상황, 그리고 대부분의 시간에 필요하다. 매일 나누는 가벼운 수다부터 갈등을 풀어야 하는 심각한 상황은 물론이고, 메신저나 메일처럼 비대면 의사소통에도 쓰임이 있다. 꼭 누군가와 소리 내어 대화할 때만 쓰이는 것이 아니다. 나 자신을 공감하고 이해하는 데도 대화법은 유용하다.

대화법은 제대로 한 번 연습해두면 마치 근육처럼 내 안에 남아 두고두고 쓸 수 있다. 가령 나는 오해를 받으면 갑자기 울음이 차오르면서 목소리가 떨렸다. 개인적인 대화는 물론이고 회의를 하다가도 이러니 나는 당연하고 다른 사람들도 당황했다. 사람들은 내게 일단 멈추고 호흡을 고르라거나(울음이 차올라서 쉽지 않다.), 차분하게 마음을 다잡으라거나(그게 되면 울먹이질 않겠지.), 성대 문제니 병원 진료를 받으라는(가보니 별 이상 없다고) 등의 조언을 했다. 하지만 어느 것도 내 문제를 해결해주지 못했다.

대화법을 공부하다 보니 문제는 '오해받는다'는 나의 판단, 벌어질 일에 대한 두려움과 억울함에 있었다. 상황을 살피고 내 느낌과 욕구를 찾았다. 이런 상황에서 꼬리에 꼬리를 물고 떠오르는 과거의 기억과 상처들도 돌봤다. 그러자 내 염려를 표현하고 상대의 이야기도 편안하게 들을 수 있게 되었다. 울먹이면서 아기 양 같은 목소리를 내지 않게 되었음은 물론이다.

대화법은 하루아침에 바뀌지 않는다. 하지만 찬찬히 정성을 들이고 꾸준히 애쓰면 매순간 유용하다. 노력의 크기만큼 감동도 크다. 꼭 한 번 해볼 만한 가성비 좋은 노력이다.

있는 그대로의 나로 충분하다

"네가 대화법 책을 썼다고?"

의아해하는 상대의 얼굴이 떠오른다. 그럴 만하다. 나는 어딜 가도 대화를 주도하는 편이 아니다. 단둘이라면 편하게 말을 주고받지만 셋을 넘어가면 말수가 급격히 줄어든다. 나의 MBTI 성격 유형은 검사를 처음 했던 10대 이후로 언제나 'I(Introversion, 내향적)'로 시작한다. PD로 일하고 있어도 사람들이 흔히 떠올리는 자신 있는 모습과는 거리가 멀다. 수천 번도 더 했건만 진행자에게 손으로 시작을 알리는 큐사인조차 여전히 수줍다.

내향적인 성격은 대화법을 바꾸겠다는 결심을 하고 만난 첫 걸림돌이다. 대화를 잘하려면 외향적인 성격을 타고났거나 적어도 그런

척이라도 해야 할 것 같다. 화술을 가르치는 강사들처럼 말이다. 그들은 하나 같이 표정이 밝고 자신이 넘친다. 자세는 당당하고, 시선은 화면을 뚫고 나올 듯 강렬하다.

어디엔가 반쯤 숨어야 마음이 편하고, 눈을 똑바로 보면 민망한 기분을 그들은 절대 이해하지 못할 것이다. 어떤 커뮤니케이션 강사는 '내향적이라서 말을 못한다는 건 비겁한 변명'이라고 했다. 그 문장을 빨간색 큰 자막으로 뽑고 효과음까지 넣었다. 로그인해서 반대 댓글을 달고 싶었지만 내향적인 나답게 참았다.

성격뿐 아니라 목적과 관점도 어긋났다. 내게 대화는 나를 편안하게 표현하고 타인을 이해하는 과정이다. 유창한 말로 좌중을 압도하거나 상대를 내 마음대로 움직이게 만드는 건 목표가 아니다. 나는 상대를 적으로 만들지 않으면서 결정적인 순간에 이기는 방법은 애초에 없다고 생각한다. 만에 하나 있다 해도 있는 그대로의 나를 지키면서 해낼 자신이 없다. 세상이라는 전쟁터에서 이기기 위한 도구로서의 대화법은 몸에 맞지 않는 옷 같다.

내겐 불편한 여러 대화법을 다른 사람들은 열심히 공부하고 구독하고 환호했다. 어떤 책은 긴 시간 베스트셀러 자리를 지키고, 어떤 채널은 구독자가 나날이 늘었다. 내게 맞는 대화법을 찾기보다 예민하고 까다로운 자신을 탓하는 게 편했다.

천성과 경험은 나의 일부지만 전부는 아니야

만약 내가 따뜻한 양육 환경에서 공감 받으며 자랐더라면 조금 달랐을까? 책이나 영화의 앞머리에 "모든 사람에게 격려와 위로를 건네며 사랑을 실천하는 부모님께 바친다." "내게 공감과 사랑이 무엇인지 가르쳐주신 부모님께" 같은 헌사가 등장한다.

나는 이런 문장을 보면 부러운 동시에 낯설다. 이슬아 작가가 《나는 울 때마다 엄마 얼굴이 된다》에서 엄마 복희 씨에 관해 서술한 부분을 읽을 때는 가슴이 저릿하기까지 했다. 복희 씨와 나눴다는 아주 많은 이야기들이 궁금해서, 대화의 교본이 되어 주었다는 그 말들이 부러워서 반복해서 읽었다.

어릴 때는 모든 부모님이 복희씨처럼 멋진 대화의 교본인 줄 알았다. 하지만 이제는 안다. 복희씨 같은 부모님을 만나긴 쉽지 않고, 만약 인연이 닿았다면 큰 행운이라는 사실을 말이다.

안타깝게도 나는 행운아가 아니었다. 무뚝뚝한 데다 감정 표현을 거의 하지 않는 아빠와 까칠한 엄마가 나를 길렀다. 양육 환경도 녹록지 않았다. 내가 '엄마', '아빠' 다음으로 배운 말은 놀랍게도 '씨발년'이었단다.

어느 날, 고모부가 집에 오셨는데 내가 고모부에게 또박또박 이 말을 하는 것을 듣고 엄마는 소스라치게 놀라셨다. 범인은 동네 아주머니들이었다. 당시 20대 중반이었던 엄마는 갓 태어난 동생을 돌보며 집안일까지 하느라 바빴다. "아이고 새댁, 큰애는 우리가 봐 줄게"라는 동네 아주머니 말에 엄마는 "그래도 될까요?" 하며 나를 맡기셨다고 한다.

몇 주 지나지 않아 나는 문제의 단어를 완벽하게 구사하기에 이른다. 동네 아주머니들은 걸진 욕을 하는 네 살배기를 앞에 두고 깔깔거렸다. "잘한다, 잘한다." "아이고 귀엽다"를 연발하며 다음엔 무슨 욕을 가르쳐줄까 고민했다.

아빠는 돈을 벌어 가족을 부양하기 바빴다. 엄마는 두 아이를 먹이고 재우고 씻기는 기본적인 육아를 하기에도 버거웠다. 너그럽고 다정하게 함께 실컷 웃고 울면서 감정을 나누는 방법을 알려주기엔 몸과 마음의 여유가 없었다.

우리 부모님이, 내가 자란 서울 변두리 동네가 특별하다고 생각하지 않는다. 먹고 살기 어려운 시절을 살아낸 그들은 애착이니 공감이니 하는 말은 들어본 적도 없었을 거다. 물려받은 마음의 자산이 없고, 배울 여유마저 없었는데 어떻게 자식에게 가르칠 수 있었겠는가. 내게 '사랑해요' 같은 단어는 어버이날 카드에나 적는 화석 같은 말이었다.

어떻게 태어났건, 어찌 자랐건, 대화는 해야 한다. 안정된 가정에서 듬뿍 사랑 받으며 자란 적극적인 성격의 사람만큼은 아니어도 된다. 그저 내 감정을 표현하고 최소한의 공감이라도 할 줄 알아야 살아낼 수 있다. 그래야 사회생활을 버텨내고, 더 깊은 관계를 이어나갈 용기가 생긴다.

비교 대상은 남이 아닌 과거의 나다. 천성과 지난 경험은 바꿀 수 없지만 전부가 아니니 괜찮다. 이제부터 다르게 해보겠다는 마음 하나면 충분하다.

'힘내'라는 말을 대신할 멘트는 없을까?

내 직업은 PD, 그중에서도 라디오PD다. 음악과 이야기로 오디오 콘텐츠를 만든다. 마음을 울리는 음악을 찾아 들려주고, 청취자의 사연을 살피고 출연자들의 말을 편집하는 것이 내 일이다.

방송은 단방향의 '말'처럼 들리지만 실제로는 사연과 신청곡을 재료로 나누는 '대화'다. "오늘 점심 뭐 먹을까요?"(7시에 시작하는 아침 프로그램인데 이미 점심 메뉴를 고민하고 있다.)나 "주차장 어디에 차를 댔는지 생각이 나지 않아 출근을 못하고 있어요."(나도 그런 적 많다며 같이 찾아주겠다고 다른 청취자들이 열심히 메시지를 보낸다.) 같은 소소한 일상부터 오랫동안 투병 중인 부모님에게 띄우는 편지처럼 묵직한 이야기까지 소재는 다양하다.

청취자에게 코멘트를 하는 사람은 진행자지만 프로그램에 대한 책임은 내 몫이기에 나도 항상 코멘트를 고민한다. 생방송 중에는 수시로 조율을 하고, 녹음 방송은 정성을 다해 편집하며, 세심하게 다듬는다.

진행자는 때로 자기 경험을 들려주고 청취자의 심정을 헤아려 도움이 될 만한 정보를 주려고 애쓴다. 함께 방송을 듣고 있는 다른 청취자들의 사연을 소개하기도 한다. 이런저런 코멘트 끝에 마무리는 대부분 "힘내세요"다.

힘.내.세.요.

이 네 글자에 결코 나쁜 의도는 없다. 진행자도 출연자도 사연을 보낸 분이 기운을 내고 일이 잘 풀려서 행복해지길 바라는 마음을 담아 말한다. 내가 진행자여도 다른 마무리를 찾기 어려울 것 같다. 그런데 나는 이 말을 들으면 묘하게 기운이 빠진다. 헛헛하기도 하고 강 건너 불 보듯 하는 사람의 말 같아서다. 때론 급히 마무리 짓는 느낌이라서 하지 않은 것만 못하다는 생각이 들 때도 많다. 비슷한 마무리로 "다 지나갑니다"와 '힘내세요'의 영어(?) 버전인 "파이팅"이 있다.

다른 표현은 없을지 답답했다. 스태프들과 머리를 맞댔다. 어떤 진행자는 상투적인 것 같아 본인도 고민하고 있었단다. 사연을 그대로 읽기만 하고 아무 말도 하지 말자는 의견도 나왔다.(애먼 소리 하느니 차라리 이게 낫다.) 회의는 점점 수렁으로 빠져들었다.

나보다 경험이 많은 선배나 스태프, 출연자와 이야기를 나눠도 마찬가지였다. “나도 힘내라고 말하면서 뭔가 떨떠름해. 더 마음에 와닿는 위로의 말을 건네고 싶어. 그런데 어떻게 해야 할지 모르겠어” 혹은 “그걸 뭘 설명해. 그냥 각자 알아서 하는 거지”라는 대답이 돌아왔다. 같은 고민을 하는 사람은 많았지만 답을 나눠주는 사람은 없었다. 제작진과 출연자가 말을 잘하고, 글을 잘 쓰고, 음악을 잘 고를 수는 있을지언정 상대를 위로하고 공감하는 법까지 잘 안다는 보장은 없다. 늘 노력하지만 제대로 배우지 않았다.

진짜 공감을 알고
방송을 만들고 싶어

방송인이 공감할 줄 모르면 때로 방송이 무기가 된다. 어떤 진행자는 장애인 자녀를 씩씩하게 키우는 한 부모의 사연을 소개하다 원고를 읽지 못할 정도로 눈물을 흘리더니(여기까진 그렇다 치자.) 어느 정도 호흡을 고르고는 “우리 애들은 건강해서 얼마나 다행이에요”라고 말했다. 청취자들의 항의가 빗발쳤고, 결이 비슷한 실수가 반복되면서 그 진행자는 결국 교체되었다.

방송으로 나가지는 않았지만 아찔했던 기획안도 있다. 누군가가 공모전에 출품한 아이디어로, 제목이 ‘청각 장애인 퀴즈’였다. 청각 장애인이 하는 말을 녹음해서 틀어주고 청취자들이 그것을 듣고 무슨 말인지 맞추게 하자는 제안이었다. 그들의 말을 경청하기 위해 노력하자는 기획 의도가 담겨 있단다.

다행히 그 기획안은 심사위원들의 탄식과 함께 낙선했다. 전해 듣기로, 출품자는 "조직이 이런 아이디어를 수용하지 못하니 창의적인 프로그램이 없는 것이다"라며 소회를 밝히고 다닌단다.

라디오 프로그램의 원재료는 청취자들의 사연과 신청곡이지만 방송으로 만들어지면서 제작진의 가공을 거친다. 결과물이 나오기까지 제작진과 출연자의 식견과 경험이 반영되기 마련이다. 최종 판단을 하는 PD가 공감할 줄 모르면, 공부하지 않으면 차별과 폭력에 무뎌진다. 몇몇 사람의 재미를 위해 고른 아이템과 표현이 누군가에게 상처를 주지 않을까 두려웠다. 더구나 내가 만드는 프로그램은 개인 방송도 상업 방송도 아닌 공영 방송의 프로그램이다. 방송을 내보내는 전파 자체가 공공재다. 그 안에 아무 내용이나 담을 순 없다. 누구나 인터넷을 통해 방송할 수 있는 시대이기에 방송의 어깨가 더 무겁다. 개인이 자유롭게 하는 표현은 문제가 되어도 그 개인의 생각일 뿐이라고 말하면 그만이다. 같은 표현이 방송에 나오면 사람들은 누구나 써도 되는 것처럼 받아들인다. 혐오 표현이 혐오 표현인지도 모르고 쓴다. 무려 공영 방송에 나온 말이니까.

공감을 가장한 폭력이나 차별을 전제로 한 농담을 가려내고 싶었다. 응원과 지지의 마음을 '힘내세요'보다 나은 표현에 담아 전하고 싶었다. 대화법을 공부할 이유가 하나 늘었다.

그래서 당신의 대화는 바뀌었나요?

나는 궁금하거나 해결하고 싶은 게 생기면 서점에 간다. 검색만 하면 바로 답이 튀어나오는 요즘도 '책에 답이 있다'고 믿는다. 인터넷으로 뭐든 할 수 있는 세상이라 더 그렇다. 누군가의 경험이나 의견이 책으로까지 출판되는 데는 이유가 있을 테니까 말이다.

대화를 공부하겠다는 결심을 했을 때도 우선 서점에 가서 '대화법'을 검색했다. 베스트셀러부터 아주 오래 전에 나온 책까지 결과물은 수백 권이었다. 연관 검색어로 등장하는 화술과 스피치 책까지 합치니 수가 더 늘어났다.

대화법을 담은 책들의 제목은 화려했다. 대화로 상대를 설득하고, 호감을 사고, 지지 않을 수 있단다. 못할 게 없어 보였다. 호기심에 펼쳐보면 열에 여덟은 비슷했다. 상대와 눈을 마주쳐라, 흥미로운 주제를 준비하라, 들은 내용을 되풀이해 호응하라, 좋은 질문이 대화를 풍부하게 해준다, 미소를 짓고 고개를 끄덕여라, 가끔 "아." "그렇구나" 같은 감탄사로 장단을 맞춰라. 서로 보고 베낀 듯 몇몇 전략이 책마다 반복해서 등장했다.

다음은 유튜브였다. 역시나 '대화법'을 검색하면 흥미로운 영상이 끝도 없이 쏟아진다. 책과 마찬가지로 다양한 이론과 팁이 등장한다. 재밌어서 시간 가는 줄 모르고 봤다. 강연자는 하나 같이 이야기꾼이다. 눈물과 웃음을 번갈아 뽑아냈다. 다른 사람들도 대화법에 대한 관심이 많은지 조회 수나 구독자 수가 꽤 높았다. 반년이 넘도록 대화법 책을 탐독하고 동영상을 봤다. 좋다는 강연은 반복해서 보기도 했다. 하지만 보고, 듣고, 읽으며 느끼는 재미와 나의 변화는 별개였다.

내가 대화법 책과 동영상을 끊은(?) 계기는 그걸 아무리 봐도 정작 내 대화는 크게 달라지지 않았다는 걸 알아챈 후부터다. 아니, 오히려 대화가 더 힘들어졌다. '대화의 주제를 미리 준비하라'기에 해봤는데 더 어색했다. 미국 드라마의 파티 장면 속 조연 배우가 된 기분이었다. '상대방의 말을 반영해주라'기에 해보니 앵무새가 된 것 같았다. 대화가 방송 사고처럼 자꾸 끊겼다. "너 왜 내가 한 말 한 번 더하냐?" 라는 말을 듣기도 했다. 〈라디오스타〉에서 김구라가 김숙에게 외모와 성별에 관한 평가를 하자 "어! 상처 주네?" 하면서 자기 감정을 표현한 예가 책과 동영상에 여러 번 등장했다. 멋진 대화법이다. 그런데 분위기를 망치지 않으면서 감정을 표현한다는 게 결심한다고 아무나 되는 게 아니다. 기가 김구라의 반의 반의 반만 센 사람만 만나도 지레 움츠러들어서 한마디 못하는 게 나의 현실이었다.

어떤 대화를 하고 싶니?

이것저것 보기를 멈추고 대화법을 배우는 목적을 생각해봤다. 나는 마음과 일치하는 말을 하고 싶고, 말로 인한 상처로부터 나를 지키고 싶다. 후회하지 않으면서 안전하게 표현하고 싶다. 상대의 말을 진심으로 듣는 귀를 갖고 싶다. 공감 능력을 키우고 싶다. 소중한 사람에게 든든하고 따뜻한 인연이 되고 싶다.

이런 대화법을 배우려면 누구를 만나 어떤 노력을 해야 하나 찾아봤다. 심리학이나 상담학을 공부할까 싶어 대학원도 검색했다. 커리큘럼을 살필수록 내가 원하는 것과 거리가 멀다는 생각이 들었다.

심리학은 문제점을 찾아 원인을 분석하고 거기에 대한 학자들의 이론을 배우는 것이었다. 원인이 무엇인지 아는 것, 물론 중요하다. 하지만 원인을 찾는다고 내가 달라지진 않는다. 상황을 이해할 논리가 생길 뿐이다. 정말 궁금한 것은 앞으로 대화를 어떻게 다르게 할지, 달라진 대화법을 어떻게 새로운 습관으로 익힐 수 있는지다. 과거에서 찾은 이론이 아니라 현재와 미래에 다르게 할 실전이 필요했다. 비평가나 이론가의 말이 아니라 경기를 뛴 선수의 경험과 노하우가 궁금했다.

상담학 커리큘럼과 실습 과정은 내가 원하는 것과 더 거리가 멀었다. 나는 타인의 짐을 나누어질 소명 의식이나 자신이 없었다. 내 문제와 주변과의 관계를 돌보기도 만만치 않았다.

그간 봐온 여러 책과 강연 중에 도움이 된 콘텐츠를 다시 훑어봤다. 잊을 만하면 한 번씩 반복해 등장하는 대화법이 있었다. '비폭력대화 NonViolent Communication'였다. 이론으로써의 대화법이 아니라 바로 일상에 활용할 수 있는 대화법이었고, 학교나 법원 등 다양한 갈등 현장에서 쓰이고 있었다. 그러고 보니 상담 선생님이 권했던 그 대화법이었다.

비폭력대화가 왜 매력적으로 느껴졌는지 후에 정혜신 · 이명수 작가의 《당신이 옳다》를 읽으며 깨달았다. '적정 기술'이 열쇳말이었다. '적정 기술'은 주변에 있는 값싼 재료와 적은 자본, 비교적 간단한 방법으로 문제를 해결하는 기술을 말한다. 반대 개념인 거대 기술은 전문가들의 오랜 연구와 어마어마한 자본, 그리고 대형 시설이 필요하다. 거대 기술의 결실은 우주선이나 무인 자동차처럼 인류의 삶을 크게 바꾼다. 하지만 일상의 문제를 해결하는 데는 거대 기술이 필요하지 않다. 오히려 잘 익힌 적정 기술 몇 개가 훨씬 유용하다.

정혜신 작가는 "갈등과 상처는 인간에 대한 깊이 있는 탐구나 의

사소통의 원리가 아니라 일상의 공감으로 풀린다"라고 했다. 나도 내 문제를 전문가의 진단과 치료 같은 거대 기술이 아니라 일상의 공감이라는 적정 기술을 통해 해결하고 싶었다. 고급 레스토랑에서 몇 번 식사하거나 비싼 보약을 사 먹기보다 매끼 정성스럽게 집밥을 지어 먹어 건강을 회복하듯 말이다. 비폭력대화 책을 펼쳤다. 내가 원하는 적정 기술을 찾은 것 같았다.

2장

공감으로 가는 길

얼떨결에 한 첫 공감

사람은 쉽게 바뀌지 않는다. 대화법을 공부하기 시작했지만 여태 살아온 습관이 금방 고쳐지지는 않았다. 상대방의 말을 듣고 있으면 충고와 조언과 평가와 판단이 수시로 올라왔다. 그걸 알면서도 참지 못하고 종종 말로 표현했다. 그랬던 내가 처음으로 "공감해주어 고맙다"라는 말을 들은 것은 비폭력대화 워크숍을 할 때였다.

두 사람이 한 팀이 되어 번갈아 삼십 분씩 자신의 인생 여정을 말하고, 상대방은 그 이야기에 공감해주는 연습이었다. 에너지를 꽤 많이 써야 하는 작업인데 안타깝게도 여유가 없었다. 워크숍에 참석하기 위해 며칠 야근을 한 뒤라 잠도 부족하고 몸은 천근만근 무거웠다. 인생 여정은커녕 어제 저녁에 먹은 메뉴도 생각나지 않았다.

참석자들이 팀을 짜기 위해 두리번거렸다. 옆자리에 남편이 있었다. 그도 비폭력대화를 공부하는 중이었다. 우리는 함께 등록하며 농담 반 진담 반으로 한 조는 하지 말자고 약속했다. 어차피 볼 일이 많으니 워크숍을 하는 동안만이라도 다양한 사람들과 연습하자는 생각이었다. 하지만 내가 먼저 같이 하자고 제안했다. 모르는 참가자에게 폐를 끼치느니 일종의 가족 찬스를 쓰려는 심보였다.

"내 시간까지 당신이 다 써도 돼."

난 얘기하지 않아도 되니 당신이 충분히 얘기하라는 배려 같지만 본심은 '피곤해서 대충 하겠다'는 이른바 땡땡이 선언이었다. 이대로는 나머지 수업을 듣기 어려울 것 같고, 상황을 봐서 한숨 잘 생각이었다. 바닥에 매트를 깔고 편안한 자세를 취했다. 질문하거나 충고하거나 판단하거나 내 경험을 떠올릴 여력도 없었다. 남편은 하는 데까지 해보겠다며 자신의 이야기를 시작했다. 기억을 더듬어 그의 이야기를 옮긴다.

부산에서 태어난 한 소년은 마르고 몸이 약했다. 뛰어노는 것을 좋아하지 않아서 친구들이 놀 때 혼자 가만 앉아 책을 읽었다. 동화책과 위인전을 거쳐 만화책과 무협지까지 가리지 않았다. 그중에서도 모험 이야기에 특히 매료되었다.

그는 고향의 한 대학에 입학했지만 쉽게 적응하지 못했다. 휴학을 한 뒤 군대에 다녀와 다시 수능 시험을 치렀다. 20대 중반에 홀로 서울로 올라와 다시 신입생이 되었다. 자기보다 나이가 적은 동기들 사이에서 뒤늦게 학업을 마쳤다. 돈을 벌기 위해 학교 앞 카페에서 커피를 만들고, 건설 현장에서 몸을 쓰기도 했다. 남들보다 느지막하게 취업해 연고 없는 서울에서 자리 잡기까지 만만한 순간이 없었다.

한 사람에게 배정된 삼십 분이 길다던 남편은 한 시간 가까이 담담하게 자신의 인생을 되짚었다. 내 몫의 시간까지 쓸 수 있어서였는지 그는 느긋했다. 가끔 말을 멈춰가며 예전의 자신을 떠올렸다. 남편 목소리를 자장가로 여기고 조용히 듣다가 자려던 나는, 이야기가 끝나갈 즈음 눈물을 흘리고 있었다.

신기했다. 딱히 슬픈 이야기도 아니었다. 그런데 아이였던 그를, 소년이었던 그를, 스무 살의 그를 직접 만난 것 같았다. 그리고 지금 내 옆에 있는 한 사람이 새롭게 보였다. 날 때부터 덩치 좋고 고민이라곤 없는 사람인 줄 알았는데 그렇지 않았다. 끊임없이 자신을 돌아보고, 한 고비 한 고비를 넘어 여기에 왔다. 연애를 하고 결혼에 이르기까지 꽤 오랜 시간을 함께 보냈고, 그동안 이야기도 많이 나눴다고 생각했다. 하지만 그날처럼 그를 온전하고 깊게 만나본 적은 없었다.

이야기를 마친 남편은 잠시 침묵했다. 훌쩍이는 나를 발견하고는 꼭 안아주었다. 그리고 놀랍게도 "공감하며 잘 들어줘서 고마워"라고 말했다. 내심 뜨끔했다. '응? 내가 한 게 뭐 있다고. 나는 그냥 옆에 있었을 뿐인데?'

뭘 알고 한 건 아니었다. 오랜 비유를 빌리자면 '뒷걸음치다 쥐 잡은 소'격이었다. 기분은 좋았다. 남편은 값비싼 선물을 받거나 내가 이것저것 준비해서 깜짝 축하를 해줬을 때보다 더 기뻐했다. '이게 뭐라고, 그냥 멍하니 있었을 뿐-당시엔 내가 한 게 그것밖에 없다고 생각했다-인데. 까짓 거 앞으로도 해줘야지'라고 생각했다.

남편이 좋아하니 나도 기운이 났다. 다음 수업에 한결 좋아진 상태로 참석했다. '공감 장애물'에 관한 수업이었다. 강사님이 인쇄물을 나눠주셨다. A4 한바닥 가득 공감 장애물이 적혀 있었다.

그 나이 땐 한 번쯤 그런 생각할 수 있지. / 상담을 받아봐. / 심리서를 보면 도움이 될 거야. **충고 / 조언 / 교육**

네가 원래 성격이 내성적이었잖아. / 너 자주 그런 거 보니 우울증 초기 같다. / 네 MBTI 유형이 그래. / 나쁘게 볼 것 없어. 결혼한 부부 중 절반 정도는 결국 이혼한다고 하잖아. / 걱정하지 마. 어떤 심리학자는 이혼이 자녀와 관계를 더 건강하게 지속시켜주는 기회가 될 수도 있다고 말했어. **분석 / 진단 / 설명**

그건 네가 잘못 생각한 거야. / 비관적으로 생각하지 마. 기회는 얼마든지 있어. **바로잡기**

배가 불렀구나. 세상에 너보다 더 힘든 사람이 얼마나 많은데. **감정의 흐름 전환**

언제부터 그랬어? / 무슨 일이 있었던 거야? / 그 말을 한 게 누군데? 자세히 말해줘야 내가 도와주지. **조사 / 심문**

그래서 험한 세상 어떻게 살래? / 거 봐. 내가 그럴 거라고 했잖아. / 운다고 해결될 문제가 아닌데 왜 울지? 사람들이 쳐다보잖아. **평가 / 빈정대기**

됐어. 야, 다 그렇게 힘들게 살아. 술이나 한 잔하자! **한 번에 자르기**

너무 힘들겠다. 듣는 나도 이런데 넌 오죽 하겠어. / 세상이 그래서 그래. 네 탓이 아니야. **위로하기**

나도 그랬었어. 우리 엄마가 어떤지 너도 잘 알지? / 그건 아무것도 아니야. 우리 부장은 더 심해. **내 얘기하기 / 맞장구치기**

이제 큰일 났다. 너 어떻게 사니? / 어쩜 그렇게 일이 꼬이냐. 정말 안 됐다. **동정 / 애처로워하기**

이걸 제대로 처리하지 않으면 더 큰 위험이 올걸. / 내가 이렇게 될 거라고 말했니, 안 했니. **경고 / 위협**

끝내버려. 이젠 넘어갈 때가 왔어. **명령/ 지시**

출처: 비폭력대화 NVC1 교재(한국NVC출판사)

한 문장 한 문장이 내 입에 착착 달라붙었다. 누가 내 대화를 녹취했나 싶을 정도로 평소 즐겨 사용했던 문장들이었다. 남편의 인생 여정을 들을 때도 머릿속에 저런 말들이 이따금 차올랐다. 평소 같았으면 톡톡 끼어들어 궁금한 것을 물어보고, 내 이야기를 하고 싶어 안달복달하고, 내 가치관과 어긋나는 부분이 신경 쓰여 그의 이야기를 제대로 듣지 않았을 것이다. 그가 편하게 이야기할 수도 없었을 뿐더러 나는 그를 고작 '여러모로 늦된 지방 남자'라고 오만하게 평가했을지도 모른다. '고작 이런 사람과 결혼을 하다니' 걱정되고 불안했을 것 같다.

하지만 그날의 나는 여력이 없었다. 그냥 순순히 그의 이야기를 들을 정도의 기운뿐이었다. 그랬더니 그의 이야기가 바람이 그물망을 통과하듯 내게 스몄다. 애써 지금까지 살아준 한 사람이 보였다. 그가 오늘 내 곁에 있기까지 정말 많은 선택과 우연을 거쳤다는 사실이 놀랍고 감사했다. 평온하고, 그냥 그대로 충분히 좋았다. 같은 이야기를 들어도 내 태도에 따라 전혀 다른 감정이 든다니 놀라웠다.

이후로 한동안 공감의 순간은 없었다. 그날 오후의 깊은 연결은 우연이었다. 또다시 남편과 말꼬리를 잡으며 티격태격했다. 문득 감정이 격해질 때 이야기 속 소년이 떠오르긴 했다. 그럴 때면 잠깐 애틋해졌다. 하지만 그것도 잠시, 습관처럼 공감 장애물이 튀어나와 갈등을 키웠다. 따뜻하고 뿌듯했던 그 순간을 다시 경험하고 싶었다.

그저,
마음으로 들어주기

결혼하고 처음 시댁에 간 날이었다. 남편의 할머니부터 큰아버지, 막냇삼촌, 큰고모, 그리고 큰고모부까지 시댁 어른들이 북적였다. 결혼을 전후하여 잠깐씩 인사는 드리긴 했지만 당연히 남편 외엔 모두 낯설었다. 그렇잖아도 낯을 가리는데 더구나 시댁이었다.

그렇다고 남편만 졸졸 따라다니고 싶진 않았다. 연로하신 시할머니가 마음에 들어왔다. 정정하시지만 팔순이 넘은 만큼 몸이 예전 같지 않으신 모양이었다. 그날도 마늘을 뽑아야 하는데 힘들어서 못하겠다며 아쉬운 대로 마당에서 잡동사니를 태우고 계셨다. 쪼르르 옆으로 가 "할머니 뭐하세요?" 하고 여쭈었다. 그러자 "빨리 태아삐라니까 만다코 태우도 안 하고 뭐라 씨부리싸체! 아이고, 포리가~ 포리가~" 하면서 허공에 손을 휘저으신다.

한국말이 분명한데 무슨 말인지 도통 모르겠다. 한 번 더 대화를 시도했다. 옆에 신기하게 생긴 게 있기에 "할머니, 이 뾰족뾰족한 건 뭐예요?"라고 여쭸다.

"아주까리 아이가. 지름 짤라믄 억수로 디데이. 짜도 알라 오짐맹키로 노오고……."

'디데이? 오늘이 무슨 날인가? 저게 아주까리라는 건 알겠는데 아이 오줌은 또 왜 나오지?'

할머니는 그 후로도 한참을 말씀하셨지만 나는 거의 알아듣지 못했다. 대화는 포기하고 할머니를 도와드릴까 싶어 시키실 일은 없는지 여쭈었다. 그것도 어려웠다. 냉장고에서 뭘 꺼내오라는 것 같은데 정작 뭘 꺼내와야 하는지 도무지 모르겠다. '줌치'나 '고매'처럼 뜻을 추측하기조차 어려운 단어도 많았다.

서울에서 나고 자란 내게 할머니의 말씀은 외국어 같았다. 지역뿐 아니라 시대도 달랐다. 반세기면 언어가 바뀌기 충분한 시간이다. 남편도 할머니 말씀 가운데 삼분의 일은 이해하기 어렵다니까 내가 알아듣지 못하는 건 당연하다. 할머니께 몇 번 더 말을 걸어봤지만 역시나 이해 불가. 대화를 나누고 싶어도 방법이 없었다. 다른 분들은 모두 바빠 보여서 할머니 외에 나와 이야기를 나눠줄 사람이 없었다. 답답하고 아쉬웠다.

그 순간 문득 '할머니의 말씀을 꼭 다 이해해야 하는 걸까?' 하는 의문이 들었다. 부엌은 이미 만원이라 딱히 할 일도 없고 밑져야 본전이었다. 그저 할머니께 관심을 가지고 잘 들어보자고 마음먹었다. 다시 할머니 곁에 앉아 "아이고, 그랬구나." "할머니, 그래서요?" 이 두 문장으로 대화를 이어갔다.

그러자 말씀이 끝없이 이어졌다. 내가 "아이고, 그랬구나" 하면 "하모!" 하시면서 또 이야기를 하시고, "할머니, 그래서요?" 하면 "억수로 욕봤제" 하면서 또 이야기를 이어가셨다. 말소리가 이따금 높아졌다 낮아졌다. 분에 겨워하시다가 뿌듯한 표정을 지으시더니 눈물도 글썽이셨다. 그때마다 나는 "그랬구나. 할머니, 그래서요?"라며 열심히 귀를 기울였다.

이십 분 가까이 마당에 쪼그려 앉아 할머니 이야기를 듣고 있는데 남편이 나를 찾으러 나왔다. 대화는 "단디 해래이. 우째등간 잘살래이"로 끝났다. 남편은 꽤 오랜 시간 할머니와 내가 무슨 이야기를 나눴는지 궁금해했다. 거의 알아듣지 못했다니까 그런데 어떻게 대화를 나눴냐며 의아해한다.

할머니 말씀은 지금도 이해하지 못한다. 그저 추측할 뿐이다. 건넛마을 조 씨는 나쁜 사람이니 믿지 말라는 것 같았고, 장남인 시아버지가 무뚝뚝해도 속은 깊은 분이라고 말씀하신 것 같다. 할머니의 고향과 집안에 대한 자부심도 대단하신 듯했다.

인생 전반에 걸쳐 말씀하시는 내내 나는 그저 할머니 곁에 머무르려고 노력했다. 알아듣질 못하니 반박하거나 꼬투리를 잡을 수도 없었다. 태어나지 않았던 시대에 가늠하기도 힘든 경험이었다. 그냥 음성 너머의 감정을 어렴풋이 추측해서 내 것처럼 품어보았다.

남편에게 할머니의 삶은 어땠는지 물었다. 그는 1930년대 경남 의령에서 여섯 남매의 맏딸로 태어났다. 책을 좋아했지만 "여자가 무슨 공부냐"는 부모님 말씀에 집안일을 도와야 했다. 그러다 열일곱 살에 이웃 마을 총각과 혼인하여 아들 다섯과 두 딸을 낳아 길렀다. 나이 차이가 많은 남편 곁에서 한평생 집안일과 농사일을 도맡아 한 그의 삶은 대체로 힘들었으리라. 기역 자로 굽은 허리만 봐도 고단한 시간이 읽힌다. 서럽고 억울하고. 그래도 가끔은 기뻤을 것 같다. 무엇보다 그동안 할머니의 말씀을 온전히 들어준 사람이 많지 않았을 거란 생각에 안타까웠다.

그 후로도 시댁에 가면 나는 할머니께 쪼르르 달려갔다. 그때마다 할머니는 내가 이야기를 잘 들어주는 속 깊은 손주며느리라며 반가워하신다. 어떻게 지내셨는지 근황을 여쭈면 수십 년 전에 일어난 일을 마치 어제 일처럼 이야기하신다. 처음엔 몰랐는데 듣다 보면 이상해서 그게 몇 년도에 일어난 일이냐고 질문한다. 대답은 늘 "그걸 우째 다 기억하노"다. 그럴 땐 당시 대통령이 누구였는지 여쭤보면 된다. 대부분 전두환, 때로는 노태우, 심지어는 박정희다.(할머니, 저는 근황을 여쭌 거잖아요.)

시간을 넘나들며 또 새로운 얘기들이 쏟아진다. 내가 해드릴 수 있는 건 여전히 "아이고, 그랬구나"와 "할머니, 그래서요?"라는 반응뿐이다. 그런데도 할머니와 대화하는 게 즐겁다. 듣고 있으면 괜히 가슴이 뜨거워진다. 우째등간 잘살고 싶어진다.

나는 공감이 상대방의 말을 다 이해하고, 심지어 그의 심중까지 파악해야 가능하다고 믿었다. 그래서 귀로는 잘 듣고 머리로는 열심히 생각했다. 말하는 의도를 읽어내는 일은 어렵고 피곤했다. 그럴수록 오히려 공감과 멀어졌다. 긴 시간 나눈 이야기는 많은데 돌아서면 허무하고 답답했다. 상대의 곁에 그저 함께 머물고, 그 마음이 어땠을지를 헤아리면(정답을 맞히듯 분석하는 것과는 조금 다르다.) 족하다는 사실을 몰랐다. 할머니와의 대화처럼 말이다.

모든 말을 알아듣지 못해도 사람과 사람이 연결되는 경험. 공통의 기억이 없어도 수십 년을 가로질러 공감하는 경험. 할머니는 이 귀한 경험을 내게 선물해주셨다. 그의 남은 시간이 어쩌면 그리 길지 않을지도 모른다. 아직 못다 하신 이야기를 내가 많이, 더 많이 들어드리고 싶다.

이게 다
너 걱정해서 하는 말이야

내겐 세 살 터울의 남동생이 있다. 동생이 명절에 친척들이 모인 자리에서 말했다.

"나는 부모가 셋이잖아."

내가 세 번째 부모님 같다는 뜻이었다. 사사건건 잔소리를 한다는 걸 알리고 싶었나 보다. 동생은 지나가듯 말했지만 이 말은 내 마음에 꽤 오래 남았다.

잔소리의 역사는 길다. 어릴 때부터 첫째인 내가 겪은 어려움을 동생은 겪지 않길 바랐다. 공공연하게 "너희는 방임주의로 키워서 잘 큰 거다"라고 말씀하시는 부모님 대신 맏이인 내가 동생을 야무지게 챙겨야겠다고 생각했다.

소재는 다양했다. 학창시절엔 진로에 대해 조언했고, 사회생활을 시작한 뒤로는 매너와 외모는 물론이고 재테크와 연애까지 아울렀다. 동생이 묻지도 않은 일에 "너 이거 알아?" "이런 것도 미리미리 준비해야 해"라며 숙제를 내듯 이야기했다.

다른 사람들은 어떻게 생각할지 모르지만 내 생각에 나는 오지랖이 넓은 사람은 아니다. 가능한 한 남의 문제에 끼어들지 않는다. 귀찮기도 하고 피곤하기도 해서다. 섣불리 간섭했다가 잘못됐을 때 책임이 오는 것도 싫다. 하지만 동생은 남이 아니다. 세상에 오직 한 명이다. 그에게 조언하고 충고하는 이유는 녀석이 너무도 소중하고 중요하기 때문이다. 정말로 다, 걱정해서 하는 말이다.

그런데 이상하다. 내 충고가 도움이 된다면 동생이 힘들고 고민될 때 가장 먼저 나를 찾아야 하는데 현실은 그렇지 않다. 점점 머리가 커가며 내 말머리를 자르거나 대화 소재를 바꿨다. 급기야 친척들에게 나를 '세 번째 부모'라며 살짝 빈정거리기까지 했다.

내가 왜 동생에게 충고하는지 대화법을 공부하며 처음 생각해봤다. 동생이 안전하고 여유롭기를 바라기 때문이다. 더 솔직한 이유는 동생이 잘돼야 나도 편하기 때문이다. 나아가서는 동생이 잘되어 덕을 보고 싶은 마음도 있다. 내가 못한 것도 해내고, 내가 챙기지 못한 것도 미리 챙기길 바랐다. 사회가 어떻고, 시대가 어떻고, 내 경험상 어떻더라 거창하게 늘어놓았지만 결국 내 욕심이었다. 나와 동생의 상황이 다르다는 사실도 종종 잊었다.

동생에게 인정받고 싶기도 했다. 그의 고민 앞에서 나의 지식과 경험을 뽐내 "누나 말이 맞아." "그 생각은 못했네." "역시 누난 대단해" 같은 말들을 들으면 뿌듯할 것 같았다. 그렇게 해서 고민될 때 찾아가고 싶은, 가깝고 의미 있는 사람이 되고 싶었다.

경험도 한몫했다. 나 역시 집과 학교, 미디어로부터 끊임없이 충고와 조언을 듣고 평가받으며 자랐다. 그때마다 그들은 다 나를 위한 거라는 말을 보탰다. 다른 방법을 접해본 적이 없으니 그게 맞는 줄 알고 본 대로, 대우받은 대로 했다.

여전히 나는 동생에게 도움이 되고 싶고 인정받고 싶다. 하지만 논리나 정보로 뭉쳐진 말은 사람의 마음을 다독일 수 없다는 것을 이제는 안다. 습관처럼 조언이나 충고가 입 밖으로 나오려고 하면 꼭꼭 씹어 삼킨다. 내가 지금 또 잔소리하려고 했구나, 속으로 되뇐다.

예전엔 동생이 말을 꺼내는 순간 '난 이미 경험해봤지. 무슨 이야기를 해주면 도움이 될까? 내가 해봐서 아는데'라는 생각을 하느라 동생 말이 귀에 들어오지 않았다. 하지만 요즘은 내 습관을 알아차리려고 신경 쓰느라 오히려 말수가 줄었다. 덕분에 동생이 자기 이야기를 맘껏 한다. 별말 하지 않았는데 공감해주어 고맙다는 말도 들었다.

조금씩 태도를 달리하고 있던 어느 날, 동생에게 전화가 왔다. 삼십 분 뒤에 중요한 위원회가 있단다. 이야기를 들어보니 동생이 구석에

몰려 소명해야 하는 자리였다. 갈등에 말려들었는데 상대방은 무척 공격적이고, 본인이 피해자라는 믿음이 확고했다. 명함을 돌리고 다니면서 위세를 과시하고 문제를 점점 크게 만들어 동생을 몰아간 모양이다. 동생이 직속 상사에게 상황을 설명했지만 편을 들어주기는 커녕 책임지기 싫어서 슬쩍 떠미는 분위기였다.

예전 같으면 "못나게 왜 움츠러들어? 네가 만만해 보이니까 그러는 거잖아." "어떻게 했기에 그런 자리까지 갔어?"라며 동생을 비난했을 것이다. "상사에게 이렇게 이렇게 말해서 상황을 모면해"라며 조언했을 것이다. 시간이 얼마 없다는 사실도 잊은 채 "나는 말야"로 시작하는 내 자랑을 했을지도 모른다.

하지만 그날은 달랐다. 목구멍까지 올라오는 말들을 겨우 참으며 동생의 이야기를 들었다. 동생은 어떤 심정일까? 목소리가 조금 떨리는 걸 보면 두려운 것 같았다. 상대방이 막 밀어붙이고 여론을 압도하니까 위축됐을 것이다. 아군 없이 혼자 대처해야 하니 겁도 날 것이다. 무엇보다 불안한 목소리가 걱정됐다. 오죽하면 이렇게 상황이 임박해서 전화를 다 했을까 싶었다. 동생을 안심시켜주고 싶었다.

그의 이야기가 끝나자마자 나는 앞뒤 없이 동생을 응원했다. 상대만큼이나 너도 강하고, 내가 너를 지지하니 힘내라고 기운을 북돋워주고 싶었다. 그래서 나온 말이 "너 잘못한 거 하나도 없다는 거 내가 알아. 여차하면 내가 뒤를 봐줄 테니 쫄지 마"였다. 급기야 "그 사람이 다니는 회사에 내가 아는 사람 있어"라는 말까지 했다.

전화를 끊고 보니 뭘 믿고 그런 허세를 부렸는지 모르겠다. 내가 무슨 힘이 있어서 뒤를 봐주며, 아는 사람이 있다 한들 어쩌겠는가. 그저 수화기 너머 동생에게 내가 함께하고 있음을 전하고 싶었다. 나는 그 상황에 대해 그날 처음, 그것도 전화로 잠깐 들었다. 원인이나 해결책은 당사자인 동생이 가장 많이 고민했을 것이다. 본인이 결정한 대로 소신껏 행동할 용기, 그리고 긴장되는 자리를 겪어낼 힘만 있으면 충분하다.

몇 시간 뒤 동생에게 메시지가 왔다. 차분하지만 당당하게 하고 싶은 이야기를 했고, 조정 절차로 넘어가게 되었으니 앞으로 지치지 않고 대처하면 될 것 같다고 했다. 그러더니 회의 직전에 자신의 이야기를 들어주고 기운을 주어 고맙단다. 정말 오랜만에 동생으로부터 고맙다는 말을 들은 것 같다. 아니, 철들고 처음 아닐까 싶다.

그날 이후로도 동생은 가끔 내게 고민거리를 털어놓는다. 그냥 들어만 줘도 도움이 된다니 나도 한결 홀가분하다. 때로 나도 동생에게 조언을 구한다. 동생은 내가 생각하는 것보다 훨씬 사려 깊고 현명하다. 녀석도 벌써 30대 중반이다. 자기만의 인생을 살면서 나름의 지혜를 쌓았구나 싶다. 세 번째 부모에서 누나의 자리로 돌아가니 이렇게 가볍고 편안할 수가 없다.

공감에 대한 오해를 풀다

공. 감.

이 두 글자를 떠올리면 내 앞엔 어떤 장면이 펼쳐진다. 한 사람이 구구절절 이야기한다. 이따금 눈물도 흘린다. 다른 한 사람은 시종일관 따뜻한 표정으로 고개를 끄덕이며 들어준다. 두 사람 모두 여자일 것 같고, 이야기를 나눈 지 두세 시간쯤 흐른 듯하다.

누군가는 이 장면을 따뜻하고 감동적이라고 생각하겠지만 나는 그렇지 않다. 생각만 해도 진이 빠진다. 말하는 사람은 덕을 보고, 들어주는 사람은 희생하는 관계 같아서다. 두 사람 모두 여자라 추측한 이유는 공감이 감정적인 행위이며, 남자보다 여자가 감정적이라는 편견 때문이다. 넋두리를 다 들어주려면 잠깐도 아니고 두세 시간은 필요하다고 생각한다. 내게 공감은, 공감 받고 싶은 사람이 공감해주는 사람에게 일방적으로 하는 의존이었다. 더 노골적으로 말하면 그의 시간과 에너지를 빼앗아가며 폐를 끼치는 행위였다.

그래서 손해(!)를 기꺼이 감수하겠다는 의지가 있을 때만 공감해줬고, 하고 난 뒤에는 착한 일을 한 것 같아 약간 우쭐하기까지 했다. 때로 내가 상대의 비밀을 알고 있다는 마음에 괜히 거만해지기도 했다. 상대를 불쌍하게 여기거나 나는 그보다 나은 상황이라며 안도하기도 했다. 반대로 내가 공감 받고 싶을 때는 손해를 끼쳐도 되는, 만만하다고 생각하는 대상을 찾아갔다. 내가 어떻게 해도 나를 떠나지 않을 가족이나 연인, 아니면 순한 친구들이었다.

내 의지와 달리 공감을 강요받을 때도 있었다. 내게 공감을 요구하는 사람들은 대개 성격이 세서 거절하기 힘든 사람, 나보다 나이가 많거나 권력관계에서 우위인 사람들이었다. 그들 앞에서는 마치 순한 양 같은 눈을 하고 고개를 끄덕이며 집중했다. 많은 대화법이 '경청'이라 부르는 바로 그 자세로 말이다. 그때마다 상대방은 공감을 받았는지 모르겠으나 나는 완전히 녹초가 됐다. 얼굴은 웃고 있지만 '내가 왜 이런 얘기까지 듣고 있어야 하지?' 싶었던 때가 한두 번이 아니다.

나는 공감보다 권력이나 돈으로 사람을 움직이는 게 훨씬 효율적이라고 생각했다. 사람은 강력한 힘 앞에 별수 없고, 결코 손해 보는 짓을 하지 않으며, 그런 사람들과 합의하려면 누군가는 양보하고 희생해야 한다고 믿었다. 관계는 사람들과 벌이는 제로섬 게임이고, 말하자면 전쟁이었다. 그런 관점에서 공감은 여유 있는 사람이 시간과 감정을 희생해 들어주고, 심리적 약자는 하소연하며 신세를 지는 행위였다.

예전에 내가 '공감'과 '관계'에 대해 가진 생각은 딱 이 정도였다. 글로 옮기자니 아찔하고 부끄럽다. 나는 관계의 강자 앞에서는 약하게, 약자 앞에서는 강하게 굴었다. 그래서였을까? 공감 장면 속 두 역할을 모두 했지만 어떤 순간도 만족스럽지 않았다. 그런데 공감을 어려워하고 의심한 사람이 나뿐만이 아니었다. 대화법을 연습하는 팟캐스트 〈대화만점〉을 제작하며 받은 사연은 사람들이 공감에 대해 어떤 걱정과 오해를 하는지 잘 보여주었다.

여자라면 공감을 잘해야 하는 거 아닌가요?

"엄마가 저더러 무뚝뚝하다며 이래서 시집이나 가겠냐고 잔소리해요. 여자니까 다정하고 남의 말을 잘 들어줘야 한다는 엄마 말을 들으면 화가 나요. 정작 엄마는 그러지 못하면서."

"남자친구가 저더러 원래 여자가 공감을 잘하게 태어났다고, 다른 여자들은 잘 공감해주던데 너는 왜 그렇지 않느냐고 비난해요. 비교당하니까 기분이 나쁘면서도 주변을 둘러보면 맞는 말 같아서 대꾸를 못하겠어요. 정말 여자가 더 공감을 잘하게 태어났나요?"

잊을 만하면 한 번씩 이런 유의 사연이 도착했다. 대화법을 공부하기 전까지 나도 그렇게 믿었다. 여자는 남을 돕고 배려하게 태어났다고, 그게 멋진 여성의 소양이라고. 젠더에 대한 감수성이 지금보다 더 보잘것없던 시절이다.

내가 찾아본 책과 여러 연구 결과에 따르면 '여자가 남자보다 공감 능력이 뛰어나다'는 명제는 허구이자 편견이다. 가정과 학교에서의 교육과 사회적 분위기가 편견을 만든다. 이 편견은 남녀를 불문하고 모두의 본성을 거스르며 개개인을 소외시킨다. 그러니 프레임 안에 갇혀 괴로워했던 남녀 모두 홀가분해지길 바란다. 그리고 함께 눈을 부릅뜨고 살펴보자. 이 편견이 누굴 위한 것인지, 누가 이런 편견을 계속 퍼뜨리고 주입하는지.

공감에 얼마나 많은 시간과 에너지를 들여야 하나요?

"두 아이를 키우는 엄마입니다. 아이들 예방 접종을 할 때마다 전쟁이에요. 어르고, 달래고, 설득하고. 해볼 수 있는 건 다 해봤지만 소용없었어요. 혹시 '단시간에 주사를 맞히는 대화법'이 있을까요?"

이 사연을 다루기 위해 육아 경험이 풍부한 게스트를 섭외했다. 세 아이의 엄마이자《배짱 엄마의 착한 육아》의 저자 송선형 씨였다. 마침 경험담이 있다며 들려주었다.

그는 우선 병원에 가는 날엔 시간 여유를 충분히 둔다고 했다. 주사를 맞으러 가기 싫어하는 아이의 이야기를 충분히 들어주고 많이 안아주며 공감해준단다.

고작 주사 한 대 맞히기 위해 오랜 시간과 정성을 들여 공감해줘야 한다니 아이 키우기가 만만치 않구나 싶었다. 나 같으면 "예방 접종은 의무야. 맞지 않으면 큰일 나. 엄마 경찰에 끌려가는 거 보고 싶어?"라며 권위에 호소하고 협박하다가 그래도 말을 듣지 않으면 힘으로 끌고 갔을 것이다.

하지만 그는 달랐다. 두렵고, 아프고, 겁나는 아이의 마음을 모자람없이 공감해주었다. 그리고 아이가 아프지 않기를 바라는 마음, 어린이집이나 학교에 다니는 다른 친구들에 대한 배려와 협조라는 것을 차근차근 들려주었다.

그리고 얼마 뒤 놀라운 일이 벌어졌다. 아이가 "엄마, 예방 접종은 중요한 거지요? 아프지 않으려면 필요한 거지요?"라면서 순순히 병원에 가더란다. 그걸 지켜본 다른 형제 남매도 따라서 주사를 맞은 건 예상치 못한 수확이었다.

공감이 힘들고 시간이 오래 걸린다는 이유로 매번 억지로 주사를 맞히면 예방 접종을 할 때마다 아이와 부모 모두 힘들어진다. 짧은 안목으로 생각하면 당장 공감이 귀찮고 비효율적으로 보이겠지만 길게 내다보면 공감만큼 효율적이고 강력한 것은 없다는 걸 그날 또 배웠다.

잘 들어주면 공감 아닌가요?

"어릴 때부터 알고 지낸 친구가 있습니다. 그 친구는 불시에 연락해서 자기 힘든 이야기를 일방적으로 털어놓습니다. 만남이나 통화를 피해봤지만 그때마다 '어떻게 네가 친구라면서 그럴 수 있냐'며 비난합니다. 그 후로 통화가 몇 분이 될지, 만남이 몇 시간이 될지 모르는 채로 친구의 이야기를 들어주었습니다. 요즘은 휴대전화에 친구 전화번호가 뜨기만 해도 덜컥 겁이 납니다. 다른 사람과의 대화까지 불편해졌어요."

마치 내 얘기 같아서 내심 뜨끔했다. 평소 소소한 대화를 나누는 건 하찮게 여기다가 정작 내게 힘든 상황이 닥치면 친구에게 연락해서 밑도 끝도 없이 하소연했던 모습이 떠올랐다.

상대의 말을 끊거나 중간에 일어서지 않고 기계적으로 무조건 듣는 것은 공감이 아니다. 설령 말하는 상대는 기운이 나도 대화 당사자인 내가 힘들다면 그게 무슨 소용일까. 그간 공감해주고 피곤했다면 그게 진짜 공감인지 다시 살펴볼 때다.

'잘 듣는 것'은 상대의 이야기를 듣는 내 느낌과 욕구를 돌보면서 상대의 느낌과 욕구에 함께 머무는 행위다. 대화에 참여하는 모든 이들이 서로 존중하고 존중받아야 하며, 말하는 사람과 듣는 사람 모두 만족스럽고 풍요로워야 진정한 공감이다.

상대에게 동의가 안 되는데 어떻게 공감하나요?

"제겐 고등학생 조카가 한 명 있습니다. 그런데 지난 주말, 조카가 찾아와서 '가출을 하겠다'고 으름장을 놓는 게 아니겠어요? 자기는 공부가 적성에 맞지 않는데 엄마(제 여동생)는 공부밖에 길이 없다고 강요하고 생활 전반을 간섭해서 견디지 못할 만큼 짜증이 난다는 게 이유였습니다.

조카의 가출 협박(?)은 이번이 처음이 아닙니다. 매번 '아무리 그래도 가출은 안 돼'라는 말밖에 해주지 못했습니다. 조카에게 공감해주고 싶지만 공감하는 말들이 마치 '그래. 정 그러면 가출을 하렴'이라고 말하는 것 같아서 걱정이 되고 꺼려집니다. 제가 무슨 말을 해줄 수 있을까요?"

공감은 상대의 결정, 즉 수단과 방법에 동의하는 것이 아니다. 그런 '생각'을 할 만큼 괴롭고 힘든 상대의 느낌을 있는 그대로 받아들여 주면 된다. 조카가 결론을 내렸다면 이미 실행에 옮겼을 것이다. 그 전에 누군가에게 털어놓고 있다는 사실 자체가 아직 고민 중이라는 뜻이다.

이야기를 들어주다 보면 대부분 '정말 그러고 싶다'기보다 '그런 생각이 들 만큼 절박한 마음을 이해해 달라'는 외침일 때가 많다. "네가 가출하고 싶은 생각이 들 만큼 지금 많이 괴롭구나. 해결책이 보이지 않아 답답한 거지? 뭘 원하니? 삼촌이 어떻게 도와주면 좋을까?"

라고 물으며 곁에 있어주면 충분하다.

상대는 해결책이 궁금한 것이 아니다. 본인이 원하는 것을 찾도록 도와주길 바라거나 이미 낸 결론을 지지받고 싶을 뿐이다. 답은 본인이 가장 잘 안다. 답을 실행에 옮기려면 당사자가 움직여야 한다. 우리가 할 일은 당사자가 자신이 원하는 것을 알아차리고, 해결책이 있다면 그것을 실천할 원동력을 북돋워주는 것이다. 공감은 동의도 해결도 아니다.

공감은 서핑처럼

난 바다를 멀리서 보는 게 좋다. 바닷물에 들어갔다 나오면 절인 배추가 된 것처럼 피부가 쪼글쪼글해진다. 바다에 가기까지 수많은 자갈이나 모래알을 거쳐야 한다. 젖은 발과 다리에 모래가 덕지덕지 붙는 느낌을 상상하면 온몸이 절로 무거워진다. 그걸 다 씻고 말리려면 생각만으로도 고단하다. 내 의지보다 부모님의 의지가 앞섰던 어린 시절을 제외하곤 바닷물에 발끝조차 담가본 지 오래다.

그런 내가 딱 한 번 서핑을 해봤다. 그것도 무려 하와이에서. 거기까지 간 만큼 남들 다한다는 서핑을, 현지인들은 밥 먹듯 한다는 서핑을 나도 한 번쯤은 해보고 싶었다. 일종의 본전 정신이 귀찮음을 이긴 것이다.

동해 어딘가에서 딱 한 번 서핑을 해봤다는 남편이 기본 동작을 가르쳐줬다. 패들링으로 시작해 어떻게 파도를 읽는지, 어떻게 파도 위에 서면 되는지 설명이 그럴듯했다. 보드 위에 서는 것까지는 바라지도 않았다. 둥실둥실 떠다녀도 되니 바다 한가운데서 파도를 느껴보는 것만으로도 만족하려 했다. 여긴 하와이고, 이 바다는 무려 태평양이 아닌가.

오직 이날을 위해 래시가드도 샀다. 차려입고, 보드와 연결된 끈을 한쪽 발목에 묶고 바다로 걸어 들어갔다. 꽤 근사한 느낌이 들었다. 열심히 패들링을 해서 바다 한가운데로 나갔다. 해안이 점점 아득해졌다. 빛이 반사되며 흔들리니 눈앞이 몽롱했다. 사람들의 소리가 잦아들면서 바다와 나만 남은 것 같았다. 햇살과 바닷물이 번갈아 피부에 닿는 느낌이 나쁘지 않았다.

꽤 멀리까지 왔다 싶어 정신을 가다듬고 파도를 살피기 시작했다. 파도의 출렁임을 읽으려면 집중해야 한다. 내 몸과 파도의 리듬이 맞는다고 느껴지는 순간 힘껏 보드 위로 몸을 일으켰다. 완전히 일어서진 못했지만 상체를 들고 다리를 착 접어 올려 보드 위에 쪼그려 앉았다. 그 순간 보드가 파도의 묵직한 흐름에 실려 움직였다. 내 몸도 스윽 미끄러졌지만 내 의지가 아니었다. 아주 잠깐이었지만 정말이지 짜릿했다.

누군가와 대화를 나누며 공감하고 싶을 때

누군가와 대화를 나누며 공감하고 싶을 때 나는 그 순간을 떠올린다. 하나하나 따져보면 서핑과 공감은 정말 많이 닮았다. 공감도 서핑도 몸 상태의 영향을 받는다. 그래서 하기 전에 몸을 잘 살펴야 한다. 컨디션이 별로인데 무리해서 멀리 나가면 파도를 타기도 힘들고 돌아오기는 더 힘들다. 여차하면 다칠 수도 있다. 무겁고 힘든 주제를 앞에 두었을 때도 마찬가지다. 그만큼 몸 상태가 충분히 좋아야 한다. 내가 공감해주기 힘든 상황에서는 무리해봤자 기력만 쇠할 뿐이다. 관계가 망가질 위험도 있다.

있는 그대로 바라본다. 서핑할 때 파도에 대고 이리로 쳐라, 저리로 쳐라 명령하는 서퍼는 없다. 그렇게 해봐야 파도가 그 말을 듣고 바뀔 리가 만무하다. 파도는 치고 싶은 대로, 쳐야 하는 대로 친다. "저 파도는 왜 오다가 잦아드냐." "이번 파도는 너무 낮다"며 평가해봐야 소용없다. 있는 그대로 살피고 그 흐름에 몸을 맡겨야 한다. 머리로 생각하는 순간 파도가 보드 위로 쏟아진다.

대화도 마찬가지다. 수년째 같은 연애 고민을 반복하는 친구에게 아무리 조언을 해줘도 결국 자기가 하고 싶은 대로 하듯 사람의 마음은 쉽게 바뀌지 않는다. 우리가 할 수 있는 일은 그저 그 마음을 예민하게 느끼고 함께하는 것뿐이다.

함께 몸을 움직이며 현재에 머문다. 파도를 타려면 모든 신경을 곤두세워 중심을 잡고, 발바닥으로 섬세하게 무게를 옮겨야 한다. 잠시만 딴생각을 해도 파도에서 떨어진다. 대화할 때도 과거에 집착하거나 섣불리 예측하면 상대방과 단절된다. 오직 '지금, 이 순간'에 집중할 때 서핑도 공감도 가능하다.

아쉽게도 그 후로 다시 서핑을 할 기회는 없었다. 대신 누군가와 깊이 연결될 때 잠시나마 서핑을 떠올린다. 하늘과 물과 내가 한 몸처럼 같이 생동하는 아득한 시간으로 돌아간다. 머리로 이해하던 공감이 몸으로 옮겨 온다.

보고 느끼고
되묻고 침묵하다

팟캐스트 〈대화만점〉은 사연을 보낸 청취자가 직접 연습하도록 도운 프로그램이다. 만나서 얼굴을 보며 연습하는 게 가장 좋지만 청취자를 녹음 시간에 방송국까지 모시는 게 보통일은 아니다. 그래서 전화로 참여하거나 그조차 어려우면 출연자들이 청취자 대신 연습을 해서 전했다.

한 청취자를 전화로 연결했다. 먼저 진행자들이 청취자와 인사를 나눴다. 차분한 목소리를 가진 분이었다. 이어서 진행자들이 사연을 읽고 당시 기분을 물었다. 수화기 너머 청취자의 목소리 톤이 점점 올라갔다. 억울하고 분한 이야기를 할 때는 마치 지금 벌어진 상황이라도 된 듯 더 거칠어졌다.

출연자들은 꽤 오랜 시간을 들여 청취자에게 공감하려고 노력했다. 스스로 당시의 느낌과 충족되지 않은 욕구를 찾아나가도록 도왔다. 자기 공감이 충분히 되었는지 막바지엔 편안함에 이르렀다. 타인 공감은 원고에도 없고 생각지도 않았는데 청취자 스스로 선택하고 해냈다. 청취자가 노력하고 변화하는 모습에 마음이 찡했다. 녹음을 마무리하고 출연자들을 배웅한 뒤 혼자 편집실에 들어가 음원 파일을 여는 순간 다시 한 번 놀랐다.

편집 프로그램은 소리를 파형으로 보여준다. 청각 정보가 시각 정보로 전환되는 셈이다. 이번 에피소드의 파형은 화면을 가득 채울 정도로 깊고 높게 시작해 후반으로 갈수록 눈에 띄게 줄어들었다. 파형이 처음엔 감정의 출렁임처럼 찢을 듯했지만 나중엔 잠잠해졌다. 에피소드 전체가 데크레셴도(>) 모양이었다. 뒷부분은 이따금 침묵이 흐르기도 해서 레벨을 올려야 했다. 공감을 받으면 톤이 어떻게 달라지는지 귀뿐만 아니라 눈으로도 확인했다.

'언성이 높아진다'는 표현이 있다. 갈등이 고조되고 상대와 단절됐을 때 서로의 목소리는 자연스럽게 커진다. "아니, 그게 아니고!"라면서 같은 말을 반복하게 된다. 이해받지 못하니 감정은 점점 더 거칠어진다. 답답하고 화가 나면 상대가 말을 하고 있든 말든 내 말만 하기도 한다. 그러면 두 사람의 음성이 겹치고, 이때의 음량은 두 배 이상이 된다.(업계 용어로 '깨진다'고 표현한다.)

공감을 받으면 톤이 차분해진다. "으응~" "내 말이 그 말이야." "맞아, 맞아" 같은 반응이 절로 나온다. 대화를 나누다 자연스럽게 목소리가 편안하게 잦아들었다면 확신해도 좋다. 공감이 두 사람 사이를 채우고 있다는 사실을.

공감을 느끼다

몸은 머리보다 정직하다. 머리로 이해하는 것보다 가슴으로 연결되었다는 걸 몸이 먼저 느낀다. 진심으로 공감한 사람과 공감 받은 사람의 표정은 편안하다. 턱과 이마 근육에서 힘이 빠진다. 눈물이 핑 돌거나 미소가 머금어지기도 한다. 어깨가 부드러워지고, 굳어 있던 위가 스르르 풀어진다. 손과 발이 따뜻해진다. 손끝이 저릿해지기도 한다. 호흡이 느려지고, 숨이 깊숙이 들어왔다 나간다. 뻣뻣했던 목이 풀어지고, 두피가 말랑해지는 느낌이 들기도 한다.

공감을 확인하고 싶다면 머리보다 몸에 관심을 기울이자. 어김없이 신호를 보낼 테니까.

공감 받아 되묻다

충분히 공감 받은 사람은 해결책이나 의견을 묻는다. "그래서 네 생각은 어때?" "나 어떻게 하면 좋을까?"

말하는 사람이 나서서 해결책을 제시하거나 경험을 들려주는 것은 '공감 장애물'이지만 공감 받은 당사자가 먼저 묻는다면 다르다. 상대를 믿고 궁금해서 요청한 만큼 이때 나누는 경험은 결코 공감에 방해가 되지 않는다. 오히려 서로 가까워지는 매개체가 된다. 요청을 받는 사람도 기쁘고, 상대방이 조언에 따를 확률도 높아진다. 대뜸 조언하려 들기보다 충분히 공감해주는 게 먼저다.

공감 받아 침묵하다

충분히 공감 받으면 아무 말 하지 않고 멈추기도 한다. 많은 사람들이 대화 중에 침묵이 흐르면 어색해한다. 할 말이 없어서 생기는 침묵은 어색하다. 하지만 말이 끊이지 않는 게 늘 양질의 대화를 의미하진 않는다.

자기 자신과 연결되었을 때 찾아오는 침묵은 선물과 같다. 욕구와 느낌에 집중하고 있다는 사인이다. 공감해주고 싶다면 상대방의 욕구와 느낌을 추측하면서 침묵해보자. 어떤 말보다 더 효과적일 수 있다. 함께 그 순간에 머물면 말로는 표현하기 힘든 깊은 연결을 경험하게 된다.

3장

본격적으로, 비폭력대화

지금 여기

현존

평일 저녁, 평소 자주 가지 않는 강남 한복판을 헤맸다. 주소 앱을 몇 번씩 살펴가며 비폭력대화 교육원에 도착했다. 혼자 책을 읽는 것만으로는 수십 년 몸에 익은 대화법을 바꾸는 데 한계가 있었다. 교육원 홈페이지에 들어가 초심자를 위한 비폭력대화 수업NVC1을 신청했다.

열 평 남짓한 공간에 열댓 개의 의자들이 둥글게 놓여 있고, 그 가운데 꽃과 기린 인형이 어우러져 있었다. 수업 시간이 되자 강사님이 싱잉볼을 쳤다. 수강생들의 주의가 집중되자 말했다.

"자, 우선 함께 호흡을 골라볼까요? 짧은 명상의 시간 먼저 갖겠습니다."

대화법을 배우러 왔는데 명상이라니 당황스러웠다. '이럴 줄 알았어. 비폭력이니 뭐니 이상해'라고 생각하며 주섬주섬 가방을 챙겼다. 의자에서 일어서려는 순간 내 마음을 눈치챘는지 강사님이 왜 이 활동을 하는지 설명했다.

"대화에 대한 강의를 할 줄 알았는데 당황하셨죠? 대화는 '지금 여기' 있을 때 비로소 가능하기 때문입니다. 명상은 그걸 위한 하나의 방법이고요."

강사님의 시선은 다른 사람을 향해 있었지만 마치 나에게 하는 말 같았다. 다시 조용히 엉덩이를 의자에 붙였다. 명상 시간은, 몸은 대화 현장에 있지만 마음은 다른 곳에 있던 순간들로 채워졌다.

초등학생이던 시절이 떠올랐다. 교실에 어린 내가 앉아 있다. 과목은 무려 '말하기 듣기'다. 이진희 어린이는 고개를 끄덕이며 열심히 듣는 척하고 있지만 실은 차례가 오면 무슨 말을 해야 하나 싶어 머릿속이 복잡하다. 앞에 나가 발표하는 친구의 이야기는 조금도 귀에 들어오지 않는다. 그뿐인가? 친구들과 수다를 떨면서도, 회의에 들어가서도, 심지어는 아주 소중한 사람과 대화하면서도 할 말을 생각하고, 지난 일을 후회하고 앞날을 걱정하며, '지금, 여기'에서 멀리멀리 떠나 있다.

그렇게 다듬은 말은 유려할지언정 상대에게 닿지 않았다. 대화라고 부른 많은 순간들이 실은 각자 내뱉은 말들의 향연이었다는 생각에 마음이 무거워졌다.

'지금 여기' 있기 위한 당신만의 의식은 무엇인가요?

'지금 여기'에 있는 상태는 '현존하기', '실재감', '마음챙김mindfulness' 이라고도 부른다. 지금 여기에 있기 위한 방법은 명상 외에도 다양하다. 비폭력대화와 불교 명상법을 접목한 오렌 제이 소퍼Oren J. Sofer는 《마음챙김과 비폭력대화》에서 속도 늦추기, 숨쉬기, 친구와 보내는 시간, 자연 속에 있기, 손길, 음악, 햇빛, 비, 아름다움 등을 방법으로 든다.

내가 '지금 여기'에 있어 본 건 언제였나. 어렵사리 태국으로 여행 갔던 일을 떠올렸다. 수도 방콕에서 5시간 가까이 기차를 타고 겨우 숙소에 도착했다. 시차 때문에 한밤중임에도 눈이 말똥말똥했다. 잠이 오지 않았다. 바깥 공기라도 쐬려고 숙소 문을 열었다. 서울에선 볼 수 없던 깊은 어둠이 펼쳐졌다. 고요함을 뚫고 지금껏 들어보지 못한 여러 동물과 곤충의 소리가 들려왔다. 그들에겐 그 시간이 한창때였을 것이다. 보이진 않지만 살아 있는 것들이 부지런히 움직이는 모습이 그려졌다. 암흑이 포근하게 느껴지긴 처음이었다. 깊이를 알 수 없을 만큼 적막했지만 무섭지는 않았다. 그 풍경을 몸속으로 들이듯 깊게 숨을 쉬었다. 시간이 멈춘 것처럼 먹먹하지만 편안했다. 그러기를 몇 분, 뜬금없이 눈물이 콸콸 쏟아졌다. 입으로 "괜찮아, 다 괜찮아"라고 중얼거렸지만 눈물은 멈추지 않았다.

또 다른 순간은 방울토마토 꼭지를 딸 때였다. 난 머리가 복잡하다 싶으면 방울토마토를 산다. 많이 산다. 적어도 3kg 이상 산다. 동글동글하고 탱탱한 방울토마토를 하나하나 손으로 느끼며 흐르는 물에 씻고 꼭지를 따고, 또 씻고 꼭지를 딴다. 같은 동작을 십여 분 반복하면 아무 생각이 떠오르지 않는다. 그냥 그 순간에 내가 있다는 감각만 남는다. 씻은 방울토마토를 다 먹지 못하고 가끔 버린다는 게 문제긴 하지만 꽤 좋은 방법이다. 산책을 하거나 바로크 음악을 반복해서 들을 때도 같은 느낌을 받는다.

대화를 앞두고 실재감을 높여야 할 때마다 태국으로 떠나거나 방울토마토를 살 수는 없다. 가장 간단하고 쉬운 방법이 명상의 기본인 '호흡'이다. 호흡이 왜 실재감을 높이는지 궁금해서 열심히 찾아봤는데, 이유는 의외로 간단했다. 내가 조절할 수 있는 게 호흡뿐이기 때문이다. 누군가에게 심한 말을 듣고 심장이 마구 뛰는 순간을 떠올려본다. 심장에게 "천천히 뛰어. 부끄럽게 지금 쿵쾅거리지 마"라고 해봤자 심장은 제멋대로다. 다리가 풀리고 뒷목이 뻣뻣해질 때도 마찬가지다. 다리와 뒷목에게 아무리 간곡히 부탁해도 근육은 말을 듣지 않는다. 하지만 호흡은 다르다. 내가 통제할 수 있다. 왜 대화법 수업을 호흡 고르기로 시작하는지 조금이나마 이해가 됐다.

실재감이 떨어지는 순간은 언제일까? 스트레스를 많이 받거나 피로하거나 불안하거나 안전하지 않다고 느낄 때다. 배가 고플 때도 그렇다. 난 배가 고프면 실재감이고 뭐고 없다. 이럴 때는 섣불리 대화를 하기보다 우선 나 자신을 돌본다. 싸우기 전에 밥부터 먹으라는 말이 영 틀린 말은 아니다.

배고픔 못지않게 실재감을 떨어뜨리는 가장 강력한 원인은 역시 휴대전화다. 들여다보는 순간 '지금 여기의 나'는 온데간데없다. 직장 상사의 메시지, 연예인 이야기, 근사한 물건, 멋진 여행지로 휙휙 나를 날려보낸다. 재미는 있을지언정 딱히 쓸모는 없다는 걸 알면서도 습관처럼 수시로 열어본다. 나만 그런 건가 싶어 찾아보니 그것도 아니다. 2017년 과학기술정보통신부의 인터넷 이용 실태 조사가 말해준다. 사람들은 하루 평균 150번이나 휴대전화를 확인한다고 한다. 24시간을 기준으로 계산하면 10분에 한 번이지만 그중 수면 시간이 8시간이라고 하면 '6.4분에 한 번' 꼴로 들여다보는 셈이다.

누군가와 대화를 시작하기 전에 준비 운동처럼 챙긴다. 휴대전화를 잠시 넣어뒀는지, 속이 든든한지. 그러곤 깊고 느긋하게 호흡을 고른다. '지금 여기'에 있기 위해서.

왜 날 보고 웃지?

관찰

흔히 컵 속에 남은 물을 보는 시각으로 성격을 판단한다. 긍정적인 사람은 '물이 반이나 남았네'라고 생각하고, 비관적인 사람은 '물이 반밖에 남지 않았네'라고 생각한다고 알려져 있다.

나는 늘 '물이 반밖에 남지 않았네' 쪽이었다. 반이나 남았다고 애써 생각해봤자 거짓 위안일 뿐이고 현실을 직시해야 한다고 믿었다. 거기에 그치지 않았다. 최악의 상황을 예상하고 그에 대비해야 마음이 편했다. 물 반잔뿐 아니라 일상의 여러 순간이 내겐 걱정거리고, 비극적 상상의 대상이었다.

사무실에서 일하던 그날도 그렇다. 뒤를 돌아보니 내 자리에서 십여 미터 떨어진 곳에서 동료 둘이 대화를 나누고 있었다. 자리가 멀어

그들이 나누는 이야기는 들리지 않았다. 그런데 두 사람이 내가 있는 쪽을 바라보며 웃었다. 상상력이 발동했다. '왜 웃는 거지? 뭘 쳐다보는 건데? 혹시 내 얘길 하나? 뭐야, 왜 사람을 앞에 두고 자기들끼리 남 얘기를 해? 기분 나쁜데?'

이렇게 글로 쓰자니 민망하지만 실제로 머릿속에서 저런 생각이 제멋대로 떠올랐다. '내가 부서 일에 적극적으로 참여하지 않는 것처럼 보여서', '오늘 입은 옷이 이상해서', '화장도 하지 않고 꾀죄죄해서' 등 근거 없는 이유까지 지어내고 있었다.

이렇게 나만의 소설을 쓰면 나도 모르게 무시당하는 비련의 존재가 된다. 이 상태로 두 사람에게 다가가면 어떤 말이 튀어나올까? "둘이 뭐가 그렇게 재밌어? 내 얘기해?"

애써 웃으며 상냥한 말투로 물어도 비뚤어진 감정이 묻어나기 마련이다. 나야 혼자 한참 생각했기 때문에 이런 반응이 나온 배경을 알지만 이야기를 나누던 동료들의 입장이 돼보면 뜬금없고 어이없다. 굳이 다가가 묻지 않더라도 이미 찝찝해진 기분은 바꾸기 어렵다.

짐작은 대체로 부정적으로 흐른다. 몸 상태가 나쁘거나 우울하면 정도가 더 심해진다. 두 사람의 대화에 내가 등장하지 않을 수도 있고, 내가 웃음의 원인이 아닐지 모르는데 혼자 소설을 쓰는 셈이다.

자기 전에 그날 나눈 어떤 대화를 돌아보며 시나리오 A, 시나리오 B, 시나리오 C까지 쓸 때도 많다. 대화 상대에게 내 말은 이러저러한 뜻이 아닌데 혹시 이러저러하게 오해한 건 아닌지 궁금하다는 연락을 하려고 휴대전화를 집어 들었다가 참은 적이 한두 번이 아니다. 혼자만의 생각을 한참 하고 나면 괜히 지친다. 밑 빠진 독에 물 붓듯이 에너지가 어딘가로 줄줄 새는 느낌이다.

한걸음 물러나 사진을 보듯 바라보면

'현존'이라는 준비 작업을 마치고 내딛는 대화의 첫걸음은 '관찰'이다. 사전을 빌리면 관찰은 '사물이나 현상을 주의하여 살펴보는 행위'다. 이 단어를 모르는 사람은 별로 없을 것이다. 다만 과학이나 미술에 등장할 법한 '관찰observation'이 대화법에 왜 등장하는지는 모를 것이다. 나 역시 의아했다.

비폭력대화는 관찰을 '상황을 들은 대로, 보는 그대로 묘사하는 것'이라고 정의한다. 생각이나 선입견을 섞지 않고 사진을 찍듯, CCTV를 보듯, 녹음하듯 말이다. 이렇게 관찰로 대화를 시작하는 이유는 여러 가지다.

관찰은 사실이다. 대화 당사자들이 납득할 수 있는 접점이 된다. 우리는 모두 자기만의 필터로 세상을 본다. 경험도 다르고, 저마다의 상처를 안고 살아가기 때문에 같은 걸 보고 들어도 다르게 판단하고 생각한다. 그렇게 각자 이해한 내용을 아무리 이야기해봤자 대화는 평행선을 달릴 뿐이다. 옳고 그름을 따지다 지치거나 서로 비난하다가 기분만 나빠지기 쉽다. 예컨대 '비아냥거리는 말투', '엉망진창' 같은 평가나 판단으로 이야기를 시작하면 열에 아홉은 기분이 상한다. 억울해서 항변할 거리가 마구 떠오른다. 방어하느라 마음도 귀도 닫을 것이다. '내 말투가 어디가 문제라는 거야?', '내가 언제 비아냥거렸다고 그래?', '뭐가 엉망이라는 건데?' 이렇게 다투느라 서로가 정말 하고 싶은 말은 시작조차 하지 못한다.

본 그대로, 들은 그대로 시작해야 당사자들이 상황을 동일하게 이해할 수 있다. 내가 카메라나 녹음기가 되었다고 상상하면 쉽다. 카메라는 장면을, 녹음기는 말을 있는 그대로 기록한다. 연습을 위해 의식적으로 관찰 문장을 만들어보는 것도 도움이 된다. '~라고 말한 걸 들었을 때', '~하는 것을 보았을 때'라고 말이다.

관찰은 대화에 대한 정성이기도 하다. 대화를 나누다 보면 별생각 없이 말하거나 자동 반응처럼 말이 튀어나오기도 한다. 관찰은 무의식적으로 튀어나오는 말의 발목을 잡는다. 불필요한 실수를 줄일 수 있다.

다시 사무실로 돌아가 상황을 관찰로 바꿔본다. 동료 두 명이 이야기를 나누며 내 쪽을 보며 웃는다.

이게 전부다. '뭐야, 기분 나쁜데?'까지 다다르지 않는다. 상황을 관찰하자 비극적인 생각이 멈춘다. 괜히 꼬일 일도 없다. 가볍게 다가가서 "무슨 얘기해? 재밌는 일이라도 있는 거야?"라고 물을 수 있다.

용기 내어 이렇게 물어보면 내 이야기를 나누지 않았거나 설령 내 이야기였어도 추측보다 긍정적일 때가 많다. 내가 상황을 해석하고 판단한다는 걸 알아채고 멈추어 관찰하는 것만으로도 마음이 편안해진다.

물도 마찬가지다. 긍정적으로 생각하기 어려운데 굳이 애써서 반이나 남았다고 생각할 필요가 없다. 반밖에 남지 않았다고 부정적으로 생각하는 게 잘못도 아니다. 그저 물은 반만 있을 뿐이다.

이렇게 연습할 수도 있다.

1. 친구가 보낸 메시지를 보고

네 카톡 메시지는 비아냥거리는 말투라서 기분이 나빠. 평가
상대가 내 메시지에 ㅋㅋㅋ라고 대답했네. 관찰

2. 동생과 함께 사는데 퇴근하고 돌아오니

얜 맨날 엉망진창으로 해놓고 나가네. 평가, 판단
잠옷이 바닥에 펼쳐져 있고 화장대 서랍이 열려 있네. 관찰

3. 토요일 오후에 일어난 나에게

이렇게 늦게 일어나다니 난 게을러. 평가
오후 2시에 일어났구나. 관찰

4. 차를 긁은 나에게

도대체 제대로 하는 게 없어. 비난
주차하다 옆을 보지 못하고 10cm 긁었네. 관찰

대화의 두 번째 단추

느낌

비폭력대화의 첫 단추인 '관찰'을 배우고 마냥 신기했다. 그동안 내 멋대로 판단하고 분석하느라 스트레스를 많이 받았는데, 그걸 멈춘 것만으로 스트레스가 한결 줄어들었다. 신이 난 나머지 회사에서도, 집에서도 관찰한 대로 이야기하기 시작했다. 이상해 보였을 거다. 가령 녹음에 늦은 출연자에게 이렇게 말했다.

"(관찰) 이번 주에 세 번이나 십 분 이상 늦으셨네요."

이상하다. 나는 분명 관찰로 말했는데 출연자는 왠지 기분 나빠하는 눈치다. 말투도 상냥했는데 그에겐 나의 상냥함이 느껴지지 않았나 보다. 내가 시비라도 건 듯 당황스러운 표정이 역력하다.

나는 상대가 늦었다는 걸 비난하려는 게 아니었다. 상대를 걱정하고 상황에 따라 시간을 다시 조율할 필요가 있는지 이야기 나누고 싶었을 뿐이다.

관찰은 대화의 첫 단추일 뿐 그 자체로 완전하진 않다. 관찰만을 들은 상대는 '그래서?', '뭐야? 늦었다고 잔소리하는 거야?' 하고 생각의 나래를 펼친다. 평소에 서로 분석과 비난과 평가를 일삼았다면 관찰은커녕 "○○야." "○○씨"라고 부르기만 해도 긴장되니 말이다. 부부나 부모 자녀 사이에서 "잠깐 얘기 좀 하자"라는 말이 가장 무섭다는 얘기도 과언이 아니다. 애써 평가와 비난을 걷어냈더라도 관찰만으로는 충분하지 않다.

그렇다고 관찰에 생각을 덧붙이면 상황은 순식간에 나빠진다. 대화가 시시비비 모드로 전환되기 때문이다. 서로를 설득하기 위해 각자 고른 근거를 늘어놓기 바쁘다. 긴장하고 단절된다. 당사자 모두 팩트 체크의 전쟁터로 끌려 나온다. 만약 내가 이렇게 말했다면 출연자는 어떻게 반응할까?

"(관찰) 이번 주에 세 번이나 십 분이상 늦으셨네요. (생각) 시간을 지키는 건 사회생활의 기본 아닌가요?"

사회생활의 기본이 무엇인지, 녹음만 제대로 하면 된 거 아닌지 잘잘못을 따지고 싶어서 출연자는 이렇게 대답할 것이다.

"내가 사회생활의 기본을 지키지 못한다는 말이에요? 아니, 까놓고 말해서 어제는 오 분밖에 안 늦었는데 다들 화장실 다녀오느라 늦게 시작했잖아요. 그게 내 잘못인가요? 그리고 내가 조금 늦었어도 일하는 데는 지장 없었잖아요. 녹음은 제시간에 다 끝냈고요."

언성을 높이기 싫어 서로 표현하지 않지만 어쨌거나 분위기는 어색해진다. 진짜 오 분밖에 늦지 않았는지, 누가 화장실을 다녀왔는지 치사하고 옹졸하게 따지게 된다.

대화의 첫 단추인 관찰을 잘 끼웠다면 다음은 무엇일까?

분위기를 순식간에 녹이는 두 번째 단추

관찰한 것에 대해 무엇을 느꼈는지 덧붙여야 의도가 전해진다. 가령 이런 식이다.

"(관찰) 이번 주에 세 번이나 십 분 이상 늦으셨네요. (느낌) 컨디션이 좋지 않은가 싶어 걱정했어요. 애초에 약속을 지키기 힘든 건 아니었는지 궁금하기도 하고요."

관찰만 이야기했을 때와 관찰에 느낌을 덧붙였을 때의 분위기가 사뭇 다르다. 이렇게 이야기했더니 출연자는 미안하다는 말과 함께 사정을 털어놓았다. 아이들 등원 시간이 바뀌어 아무리 애를 써도 녹음 시간을 지키기 어려운 상황이었다. 대화를 통해 일정을 조정했다. 출연자는 늦지 않았고, 나는 바뀐 일정에 맞춰 다른 일을 했다. 서로에 대한 신뢰를 유지하면서 내 시간도 효율적으로 사용할 수 있게 되었다. 이렇게 갈등을 해결하고 난 뒤로 이 출연자와는 어떤 문제든 더 편하게 이야기 나누게 되었다.

관찰이 빵이라면 느낌은 잼이다. 빵만 먹으면 맛도 없고 목이 막히듯 관찰한 것만 드러내면 분위기가 건조해진다. 빵에 잼을 바르듯 관찰과 느낌을 붙여 시작해보자. 대화가 한결 촉촉하고 부드러워질 것이다.

팩트 핑퐁은 이제 그만

느낌

나는 가능하면 밤 10시면 잠자리에 든다. 윗집은 무슨 이유에선지 그 시간부터 일과가 시작되는 듯하다. 뭔가를 보는 것 같은데 볼륨이 워낙 커서 무슨 내용인지 대충 알 수 있을 정도다. 얼마나 재밌는지 깔깔거리며 웃고, 추임새 넣는 소리까지 들린다. 자기 위해 외부 소음을 차단해준다는 이어폰을 이용해봤지만 흥청거리는 분위기까지 막진 못했다. 즐거운 영상 시청은 최소 자정, 어떤 날은 새벽까지 이어진다. 그동안 내 휴식이 방해되는 것은 물론이다.

비폭력대화를 배우며 '최근 자극받은 순간을 관찰로 적고 느낌feeling을 찾아보라'라는 과제를 받았을 때 윗집이 가장 먼저 떠올랐다. 우선 사진을 찍듯, CCTV를 보듯 그 순간을 관찰로 적는다.

자정에 윗집 사람들이 볼륨을 크게 틀고 영상을 보며 웃고 떠든다.

'크게'라는 표현이 상대적이지만 데시벨로 측정하긴 어려워서 이 정도로 만족했다. 문제는 느낌이었다. 발표 차례가 돌아와 내가 쓴 문장을 읽는데 강사님이 말하길, 느낌이 아니란다.

- 자정에 볼륨을 크게 틀어놓는 건 잘못된 거라고 느껴요.('잘못'이라는 내 판단)
- 이웃에 대한 배려가 부족하다는 느낌이 들어요.('배려가 부족하다'는 내 생각)
- 너무 시끄러워요.('시끄럽다'는 것은 사람에 따라 기준이 다른 상대적인 평가)

이쯤 되자 슬슬 짜증이 나기 시작한다. "어찌 홍시라 생각하느냐?"라는 홍상궁의 질문에 "홍시 맛이 나서 홍시라고 대답했는데 어찌 홍시라 생각했느냐 하시면……"이라 대답한 장금이처럼 나는 분명 그렇게 느껴서 느낌이라고 말했다. 강사님은 지긋한 미소를 지으며 "그런 생각을 하셨군요"라고 답한다. 아니 그럼 도대체 뭐가 느낌인지 답답했다.

'아, 나는 여기까지인가. 아직 몇 번 안 들었는데 수업료는 환불되나?' 하는 찰나 강사님이 다가왔다. 이대로 두면 내가 집에 갈 것처럼 보였는지 교재를 펴보란다. 뭔가가 빼곡하게 적혀 있다. '느낌 목록'이라며 이 중에 골라보란다. 진작 주시지, 내심 투덜거리며 들여다봤다. 막막했던 주관식 문제가 (항목이 무척 많은) 객관식으로 바뀌었다.

욕구가 충족되었을 때

감동받은, 뭉클한, 감격스런, 벅찬, 환희에 찬, 황홀한, 충만한, 고마운, 감사한, 즐거운, 유쾌한, 통쾌한, 흔쾌한, 경이로운, 기쁜, 반가운, 행복한, 따뜻한, 감미로운, 포근한, 푸근한, 사랑하는, 훈훈한, 정겨운, 친근한, 뿌듯한, 산뜻한, 만족스런, 상쾌한, 흡족한, 개운한, 후련한, 든든한, 흐뭇한, 홀가분한, 편안한, 느긋한, 담담한, 친밀한, 친근한, 긴장이 풀리는, 차분한, 가벼운, 안심되는, 평화로운, 누그러지는, 고요한, 여유로운, 진정되는, 잠잠해진, 평온한, 흥미로운, 재미있는, 끌리는, 활기찬, 짜릿한, 신나는, 용기 나는, 기력이 넘치는, 기운이 나는, 당당한, 살아 있는, 생기가 도는, 원기가 왕성한, 자신감 있는, 힘이 솟는, 흥분된, 두근거리는, 기대에 부푼, 들뜬, 희망에 찬

욕구가 충족되지 않았을 때

걱정되는, 까마득한, 암담한, 염려되는, 근심하는, 신경 쓰이는, 뒤숭숭한, 무서운, 섬뜩한, 오싹한, 겁나는, 두려운, 진땀나는, 주눅 든, 막막한, 불안한, 조바심 나는, 긴장한, 떨리는, 조마조마한, 초조한, 불편한, 거북한, 겸연쩍은, 곤혹스러운, 멋쩍은, 쑥스러운, 괴로운, 난처한, 답답한, 갑갑한, 서먹한, 어색한, 찜찜한, 슬픈, 그리운, 목이 메는, 먹먹한, 서글픈, 서러운, 쓰라린, 울적한, 참담한, 한스러운, 비참한, 속상한, 안타까운, 서운한, 김빠진, 애석한, 낙담한, 섭섭한, 외로운, 고독한, 공허한, 허전한, 허탈한, 쓸쓸한, 허한, 우울한, 무력한, 무기력한, 침울한, 피곤한, 노곤한, 따분한, 맥 빠진, 귀찮은, 지겨운, 절망스러운, 실망스러운, 좌절한, 힘든, 무료한, 지친, 심심한, 질린, 지루한, 멍한, 혼란스러운, 놀란, 민망한, 당혹스러운, 부끄러운, 화나는, 약 오르는, 분한, 울화가 치미는, 억울한, 열 받는, 짜증나는

'아니, 이렇게 많은 느낌 단어가 있는데 왜 생각만 떠오르는 걸까?' 하는 의문을 품은 채 일단 내 느낌을 찾아봤다. 매일 밤 윗집 이웃이 나를 행복하게 하는 건 아니니까 '욕구가 충족되지 않았을 때' 블록을 들여다봤다. 강사님은 내게 긴가민가할 때는 몸의 반응을 살피라고 알려주셨다. 세 개를 추렸다.

불편한 - 당혹스러운 - 짜증나는

비슷하지만 오묘하게 달랐다. 몸이 어떻게 반응하는지 살폈다. 불편하고 당혹스러운 느낌을 떠올리면 몸이 무겁고 목이 막히는 것 같았다. 짜증나는 느낌을 떠올리면 얼굴 앞면이 약간 달아오르고 어깨가 뻣뻣해졌다. 생각을 멈추자 비로소 느낌이 그 자리를 채웠다.

생각만 주고받는 대화는 최소 평행선, 심하면 파국

얼마 지나지 않아 이사를 가게 되어 윗집과 부딪힐 일은 없었다. 하지만 상상해본다. 위층에 올라가 벨을 누른다. 문을 열고 나온 이웃에게 말한다.

"너무 시끄럽네요. 이 시간까지 TV를 크게 틀어놓는 건 잘못 아닌가요? 이웃에 대한 배려가 전혀 없으시네요."

이렇게 말하면 어떤 상황이 벌어질까? 보나마나 싸움으로 번질 것이다. 뭐가 시끄러운 건지, 볼륨을 대체 몇으로 틀었기에 크다고 하는 건지, 몇 시가 조용히 해야 하는 시간인지, 배려의 기준이 뭔지 서로 시시비비를 따지게 된다.

판단이나 평가 같은 생각, 그리고 그걸 뒷받침하기 위한 정보를 늘어놓는 대화는 진이 빠진다. 문제가 해결되기는커녕 서로간의 입장 차이만 확인할 뿐이다. 감정이 상하지나 않으면 다행이다.

반면 느낌은 각자의 몸이 반응하는 보편적인 현상이기 때문에 상대에게도 있는 그대로 전해질 가능성이 높다.

"실례지만 영상 소리와 두 분이 대화하는 소리가 아래층까지 들려서 제가 많이 불편하고 당혹스러워요."

이렇게 말하면 대화가 이어질 확률이 높다.

쉼 없이 떠오르는 생각들을 잠시 내려두고 몸으로 관심을 돌려본다. 지금까지 해온, 잘잘못을 따지는 대화를 조금이나마 바꾸고 싶어서.

나쁜 느낌 달리 보기

느낌

느낌 수업을 듣고 며칠 뒤, 멍하니 앉아 느낌 목록을 바라봤다. 느낌을 표현하는 단어가 이렇게나 다양하다니 놀라웠다. 당시 내가 표현하는 느낌은 고작해야 '기분이 좋다', '기분이 별로다' 정도였다. 그 순간 나의 느낌은 어떤지 체크해봤다.

욕구가 충족되었을 때

감동받은, 뭉클한, 감격스런, 벅찬, 환희에 찬, 황홀한, 충만한, 고마운, 감사한, 즐거운, 유쾌한, 통쾌한, 흔쾌한, 경이로운, 기쁜, 반가운, 행복한, 따뜻한, 감미로운, 포근한, 푸근한, 사랑하는, 훈훈한, 정겨운, 친근한, 뿌듯한, 산뜻한, 만족스런, 상쾌한, 흡족한, 개운한, 후련한, 든든한, 흐뭇한, 홀가분한, 편안한, 느긋한, 담담한, 친밀한, 친근한, 긴장이 풀리는, 차분한, 가벼운, 안심되는, 평화로운, 누그러지는, 고요한, 여유로운, 진정되는, 잠잠해진, 평온한, 흥미로운, 재미

있는, 끌리는, 활기찬, 짜릿한, 신나는, 용기 나는, 기력이 넘치는, 기운이 나는, 당당한, 살아 있는, 생기가 도는, 원기가 왕성한, 자신감 있는, 힘이 솟는, 흥분된, 두근거리는, 기대에 부푼, 들뜬, 희망에 찬

욕구가 충족되지 않았을 때

걱정되는, 까마득한, 암담한, 염려되는, 근심하는, 신경 쓰이는, 뒤숭숭한, 무서운, 섬뜩한, 오싹한, 겁나는, 두려운, 진땀나는, 주눅 든, 막막한, 불안한, 조바심나는, 긴장한, 떨리는, 조마조마한, 초조한, 불편한, 거북한, 겸연쩍은, 곤혹스러운, 멋쩍은, 쑥스러운, 괴로운, 난처한, 답답한, 갑갑한, 서먹한, 어색한, 찜찜한, 슬픈, 그리운, 목이 메는, 먹먹한, 서글픈, 서러운, 쓰라린, 울적한, 참담한, 한스러운, 비참한, 속상한, 안타까운, 서운한, 김빠진, 애석한, 낙담한, 섭섭한, 외로운, 고독한, 공허한, 허전한, 허탈한, 쓸쓸한, 허한, 우울한, 무력한, 무기력한, 침울한, 피곤한, 노곤한, 따분한, 맥 빠진, 귀찮은, 지겨운, 절망스러운, 실망스러운, 좌절한, 힘든, 무료한, 지친, 심심한, 질린, 지루한, 멍한, 혼란스러운, 놀란, 민망한, 당혹스러운, 부끄러운, 화나는, 약 오르는, 분한, 울화가 치미는, 억울한, 열 받는, 짜증나는

눈이 '욕구가 충족되지 않았을 때' 블록에 계속 머물렀다. 그 순간뿐 아니라 평소 자주 느끼는 감정 대부분이 거기 있었다. 그 느낌은 '나쁜 느낌' 또는 '부정적 느낌'이라 불리기 때문에 겉으로 드러내거나 표현하지 않았다. 우울하고 무기력하고 피곤하고 억울한 사람은 환영받지 못하니까 드러내지 않았다.

가정과 학교, 사회와 미디어도 '나쁜 느낌'을 덮어두라고 요구한다. 난 모범생처럼 그 가르침을 충실히 따랐다.

타인의 평가가 두려운 한편 타인을 위해서이기도 했다. 내가 부정적인 감정을 드러내면 그걸 들은 사람이 걱정할지도 모른다는 생각에서였다. 누군가에게 짐을 지우고 싶지 않았다. 무심코 "힘드네요." "걱정이야"라고 말한 적은 있지만 그러고 나서 좋았던 기억이 별로 없다. 기껏해야 "걱정하지 마." "다 잘될 거야." "우울해하지 마." "신경 쓰지 마." "왜 억울해하는 건데?" "힘내" 같은 위로를 들었을 뿐이다. 진심이지만 딱히 도움이 되지 않는 말들을 주고받는 대화는 공허하다.

나의 어두운 감정은 마구 휘갈겨 쓰는 일기나 아주 가까운 사람과 술 한 잔 마시며 나누는 대화에나 가끔 등장한다. 그나마도 말하고 나면 찝찝하다. 일기는 누가 볼까봐 폐기 처분하고, 가까운 사람에게는 '오해하지 말아 달라', '나는 괜찮다'는 메시지를 보낸다.

그럼에도 부정적인 감정은 사라지지 않는다. "아무에게도 드러내지 않지만 너는 알고 있잖아"라며 뒷덜미를 꽉 잡는다. 참다 참다 견디기 힘들어지면 에둘러 모호하게 표현한다. 이런 식이다.

그 사람 참 독특하죠?
진짜 웃겼어요.
이상한 경험이었어요.
요즘 참 재밌네요.
많이 배웠어요.

독특하다, 웃기다, 이상하다, 재밌다, 배웠다. 이렇게 중립적으로 보이는 단어들로 표현하면 상대에게는 부담을 주지 않고, 나는 안전할 거라 생각했다. "진희 씨는 참 긍정적이야." "어떤 상황에서도 배울 점을 찾으니 대단해" 같은 칭찬을 듣기도 했다.

그런데 한 페이지 가득 부정적인 느낌의 단어를 보고 있으니 괴로웠다. 단어 하나하나가 일렁거렸다. 온갖 짐이 쌓인 창고 속을 들여다보는 것 같았다. 짐과 쓰레기가 범벅되어 우르르 쏟아져 나올까봐 두려웠다. 얼른 목록을 덮고 현실로 도망치려는데 눈물이 왈칵 쏟아졌다. 불안하고, 초조하고, 불편하고, 무기력하고, 피곤하고, 귀찮고, 지겹고, 힘들고 멍한 내가 거기 있었다.

왜 그런 느낌이 드는지 고민해본 적 있니?

다시 목록을 본다. '욕구가 충족되지 않았을 때'란 글자가 뒤늦게 눈에 들어온다. 느낌말 하나하나를 살피느라 두 그룹으로 나눈 기준은 보지 못했다. 좋은 느낌과 나쁜 느낌일 거라고 대충 넘어갔다.

'나쁜' 느낌이 아니라 '욕구가 충족되지 않았을 때'의 느낌. 비폭력대화는 이 느낌을 외면하거나 부정하기보다 소중하게 여기길 권한다. 느낌은 어떤 욕구가 충족되거나 좌절되었을 때의 결과이기 때문이다. 소위 말하는 부정적인 느낌은 무엇이 필요한지를 알려주는 신호니까 특히 더 정성스럽게 돌보고 알아주란다.

나는 이 느낌들을 돌보고 알아주기는커녕 덮어두고 부정하기까지 했다. 내가 느낌이라면 너무 억울하고 외로웠겠다. 그래서 자기를 좀 알아달라고 이따금 난리쳤나 보다.

그제야 궁금했다. 나는 왜 불안하고, 초조하고, 불편하고, 무기력하고, 피곤하고, 귀찮고, 지겹고, 힘들고 멍한지. 무엇이 충족되지 않아 나는 이런 느낌을 받는 건지. 숨기는 데 급급했던 이 느낌들의 이야기가 듣고 싶어졌다.

같은 상황, 다른 느낌

욕구

'지잉~'

5분 뒤에 있을 예정이었던 부서 회의가 취소되었다는 메시지다.

짜증난다.

'회의 시간 맞추느라 점심도 허겁지겁 먹었다고! 스태프들은 카페에서 재밌게 이야기 나누고 있는데 나만 포장해서 뛰어 들어왔다고! 그걸 생각하니 더 화가 나네. 아까 부장님이 간부회의 들어간다더니 그게 늘어지나 보다. 이놈의 회사는 뭔 회의가 이리 많은 건지. 회의가 많은 것도 문제지만 도대체 효율적이지가 못해. 제발 제시간에 끝내라고! 내 소중한 시간이 왜 다른 회의에 좌지우지되어야 하는 거냐고. 맥 빠지네. 아니, 근데 겨우 5분 남기고 알려주면 어쩌라는 거야?'

'지잉~'

5분 뒤에 있을 예정이었던 부서 회의가 취소되었다는 메시지다.

어? 잘됐다.

'아이디어도 별로 없었는데 잘됐네. 아~ 홀가분해라. 녹음까지 한 시간 정도 여유가 생겼네. 회의 들어가려고 큐시트를 미리 써뒀으니 뭘 할까? 잠시 멍하게 있는 것도 좋겠다. 날씨도 기가 막히네! 아니면 기획안을 다듬어볼까? 매점에 새로 생긴 디저트 집 파이가 맛있다던데 당이나 보충하면서 해야겠다. 회의가 취소되어 너무 좋네!'

몇 주 간격으로 있었던 일이다. 매주 있는 부서 회의가 똑같이 시작 5분 전에 취소되고, 그 통보를 문자로 받았는데 내 반응은 완전히 달랐다.

같은 상황인데 왜 기분이 완전히 다르지?

나는 느낌의 원인을 상황이나 조건, 아니면 사람에게서 찾았다. "비가 와서 짜증나." "돈이 없어서 슬퍼." "걔는 날 화나게 해"라는 말을 종종 했다. 그런데 이상했다. 비가 그쳐도 짜증은 여전하고, 돈이 생겨도 여전히 슬프고, 걔가 없어졌는데도 화가 났다. 그러니 내 기분이 내 것이 아니었다. 수시로 나빠졌다가 좋아지는데 이유를 알 수 없었다. 예측할 수 없으니 불안했다.

비폭력대화는 느낌의 원인을 상황이나, 말이나, 조건이나, 특정 사람이 아닌 '나의 욕구'라고 말한다. 회의가 첫 번째 취소된 날, 나는 짜증나고 불쾌하고 기운이 빠졌다. 약속을 신뢰할 수 있고, 효율적으로 일하고, 내 시간을 존중받길 원했기 때문이다. 그 욕구들이 하나도 충족되지 않으니 짜증나고 불쾌하고 기운이 빠질 수밖에 없었다. 반면 두 번째 취소된 날은 신나고 기쁘고 홀가분했다. 여유가 생겼고, 내가 하고 싶은 일을 선택할 수 있게 되었기 때문이다.

만약 느낌의 원인이 상황(5분 뒤에 있을 부서 회의가 취소됨)이라면 느낌은 같아야 한다. 하지만 그렇지 않았다. 상황은 같았어도 그날의 내 욕구가 달랐기 때문이다. 이제 나는 날씨 탓이나 남 탓을 하기 전에 내 욕구를 먼저 들여다본다. 무엇이 충족되지 않아서 내가 짜증나고 슬프고 화가 나는지 살펴보면 그 욕구를 채우기 위한 구체적 방법을 찾을 수 있다. 내 기분이 내 것이 된다.

같은 상황, 같은 사람이어도 욕구에 따라 내 느낌이 달라졌듯 상대의 느낌은 얼마든지 내 느낌과 다를 수 있다. 그는 그 나름의 욕구가 있으니 말이다. 이렇게 상대의 느낌과 그 원인인 욕구가 무엇인지 알려고 노력하면 대화는 다른 국면을 맞이한다. 대화에 연결고리가 전혀 보이지 않을 때 상대의 느낌을 찾아보자. 추측해도 좋고, "지금 어떤 기분이야?" "느낌이 어때?"라고 물어도 좋다.

말싸움의 즉효 약,
욕구 읽어주기

욕구

누군가 싸우고 있으면 나도 모르게 귀를 기울인다. 이 고약한 버릇은 대화법을 공부하면서 더 심해졌다. 상황이나 싸우는 사람의 성별과 연령은 다양해도 패턴은 비슷하다. '네가 맞냐, 내가 맞냐', '뭐가 미안하냐'로 옳고 그름을 가리다가 어느 순간 '나 무시하냐', '내 맘을 몰라주네'라며 감정에 호소한다.

말싸움은 뫼비우스의 띠처럼 뱅뱅 돌다가 누구 하나 양보하거나 포기해야 끝이 난다. 모두가 지친다. 자기 뜻대로 결론이 난 사람도 마냥 편하진 않다. 역시나 마음이 무겁고 찝찝하다. 승자가 없다. 싸우다 보면 애초에 무엇 때문에 싸웠는지 기억이 나지 않는 경우도 많다.

그날의 내가 그랬다. 집에서 한 시간 걸리는 곳에서 지인들을 만나기로 한 날이었다. 약속 장소는 조금 멀긴 했지만 대중교통으로 갈 만했다. 그런데 남편이 차로 데려다주겠다고 따라나선다.

나: 그냥 알아서 갈게. 버스랑 지하철 타면 갈 만해.

남편: 아냐, 내가 데려다줄게.

나: 고맙지만 괜찮아.

남편: 아니, 편하게 데려다준다는데 왜 고집을 부려? 당신은 늘 친절을 있는 그대로 받아들이지 못하더라.

나: 나 데려다주고 당신 혼자 돌아갈 즈음이면 차 막힐 시간이잖아.

남편: 그 시간엔 별로 안 막혀. 내비게이션으로 예상 시간 봐봐.

나: 그건 예상 시간이고 막상 출발하면 계속 늘어난다니까. 나도 여보 생각해서 그러는 건데 왜 짜증을 내? 그리고 요즘 기름 값도 비싸.

남편: 결국 돈 문제구나? 그거 몇 푼이나 된다고 그래?

나: 그 얘기가 아니잖아. 왜 그런 식으로 말해? 그리고 내가 언제 늘 친절을 있는 그대로 못 받아들였어? ('늘'은 관찰이 아니잖아! 관찰로 말해.) 됐어.

대중교통을 이용해 가느냐, 차로 가느냐를 두고 다투지만 사실 나와 남편은 서로를 배려하고 있다. 누구 하나 애초부터 싸우려는 마음은 없었다. 서로 공감받기 원하고, 상대를 이해하고 싶지만 말로는 상대를 비난하고 분석한다. 욕구를 숨기고 수단과 방법만 이야기한다.

마음과 다른 말을 하면서 서로 마음을 알아주길 바란다.

대화는 상대를 설득하기 위한 '팩트'로 채워진다. 그걸 이루기 위한 수단과 방법은 수없이 많은데 자기가 생각한 수단과 방법만 옳다고 주장하면 대화는 평행선을 달릴 수밖에 없다. 팩트가 맞는지 틀린지를 확인하는 과정에서 감정도 덩달아 건드린다.

잠깐!
그래서 지금 원하는 게 뭔가요?

대화가 소모적으로 바뀔 기미가 보이면 나는 속으로 "잠깐!"을 외친다. 그리고 지금 내게 중요한 것, 지금 내가 원하는 것이 무엇인지 살핀다. 내 '욕구' 말이다.

비폭력대화를 배우기 전까지는 '욕구needs'라는 단어를 자주 접하지 못했다. 처음 이 단어를 듣고는 성욕이 떠올라 민망하기까지 했다. 성공, 돈, 성취 같은 단어와 곧잘 함께 쓰이는 욕망desire과 혼동되기도 했다.

이렇게 오해(?)를 사기 쉬운 '욕구'라는 단어가 대화법에 등장하는 이유는 욕구가 '말과 행동의 뿌리'이기 때문이다. '별생각 없이 한 말'이라는 표현을 자주 쓰는데, 별생각 없이 하는 말은 없다. 목적을 찾기 귀찮거나 의도를 드러내기 불편해서 하는 말일 뿐이다. 모든 행동과 말에는 이유가 있다. 그 이유인 욕구를 찾아 표현하면 대화는 달라진다.

욕구는 모든 이에게 있고, 또 누구에게나 중요하다. 내 욕구만큼이나 상대의 욕구도 중요하고, 그 두 욕구가 연결되어 있음을 받아들일 때 공감이 이루어진다. 욕구는 나와 상대방의 소중한 연결고리다. 상대방이 가진 욕구를 알아주고 있는 그대로 존중하면 지루한 논쟁에서 빠져나올 수 있다. 다투던 순간, 우리가 원한 것은 무엇이었을까?

나: 여보, 난 우리가 시간이나 비용을 효율적으로 쓰면 좋겠어. 지하철을 타고 가면 도착 시간이 예상되어 내 마음이 편해.

남편: 그랬구나. 난 당신이 편안하게 돕고 싶었어.

나: 그래, 나도 당신이 운전 많이 하지 않고 편안하길 원해. 내가 대중교통으로 가겠다고 판단한 걸 존중받는 것도 중요해.

남편: 맞아. 나도 데려다주고 싶은 호의가 받아들여지면 좋겠어. 차로 데려다주면 안전해서 안심돼.

나는 예상 가능하고 효율적인 게 중요했다. 남편은 기여하고 싶었다. 자신의 호의가 수용되길 원했다. 무엇보다 둘 다 존중받고 편안하길 원했다. 이렇게 욕구를 말할 때는 언성이 높아지지 않는다. 표정이 편안해진다. 나의 방법과 너의 방법을 두고 누가 옳고 무얼 선택해야 하는지 다투는 대화와는 공기부터 다르다. 뜨겁게 달아올랐던 말싸움이 싱겁다 싶을 정도로 순식간에 잦아든다.

욕구로 연결되면 욕구를 충족시키는 다양한 방법을 '함께' 찾게 된다. 두 사람은 시시비비를 따지는 적에서 파트너로 바뀐다. 마주앉아 서로 손가락질하고 있었는데 어느새 나란히 앉아 같은 곳을 바라보며 힘을 모은다.

우리도 욕구를 확인한 뒤 더 나은 방법을 찾았다. 남편은 나를 가까운 지하철역에 데려다주었다. 그 정도면 남편이 금방 집으로 돌아갈 수 있어서 내 마음이 편했다. 남편도 나를 도울 수 있어 기뻤다. 나는 편리하고 안전하게 약속 장소에 도착했다. 돈도 아끼고 시간도 아꼈지만 더 큰 수확은 서로의 마음을 알아준 경험, 갈등이 생겨도 잘 다룰 수 있겠다는 자신감이었다.

일상의 자기 돌봄

욕구 명상

"당신만의 스트레스 해소법은 무엇인가요?"

청취자들에게 이 주제로 사연을 받은 적이 있다. 눈물 나게 매운 음식 먹기, 클럽 가서 춤추기, 친한 친구와 수다 떨며 술 마시기를 비롯해 3시간 이상의 긴 등산 후에 온천욕 하기, 무작정 차를 몰고 동해 다녀오기 등 정말 다양한 경험이 도착했다. 알람을 끄고 무조건 자는 게 제일인 나로선 어떤 방법은 귀찮고, 버겁고, 이해되지 않았다.

스트레스를 해소하기 위해 누군가는 꼼짝 않고 자고, 누군가는 산에 오른다. 목적은 같지만 방법은 다르다. 그 방식에 대해 옳은지 그른지를 따지거나 강요하면 갈등이 생긴다. '개인의 취향'이니 모두가 옳다는 판단도 신중할 필요가 있다. 존중으로 포장하긴 했지만 적당하게 거리를 유지하겠다는 단절이 숨어 있기 때문이다.

각각의 방식엔 동의하기 어려워도 그 방식으로 어떤 욕구가 충족되는지를 들여다보면 나와 다른 방식, 타인의 말과 행동도 달리 보인다. 매운 음식을 먹으면 배부르고 재미있으면서 개운해질 것이다. 친구와 떠들며 술을 마시다 보면 서로 연결되는 느낌이 드는 동시에 위안도 얻을 테고 흥이 나겠지. 무작정 동해에 가면 흥분되고 자유와 효능감이 듬뿍 충전될 것 같다. 내가 잠을 통해 회복되고 홀가분해지듯 모든 방식이 아름답다.

우리의 말과 행동엔 늘 이유가 있고, 그것이 욕구임을 알게 되면서 나에겐 새로운 버릇이 생겼다. '저 사람은 왜 저렇게 행동하지?', '그 사람이 왜 그런 말을 했지?'처럼 뿌리가 되는 욕구를 추측해보는 일이다.

비폭력대화는 인간에게 아래와 같이 다양한 욕구가 있다고 말한다. 미국의 심리학자 매슬로Maslow는 욕구에 위계를 두어 5단계의 욕구 단계론needs hierarchy을 주장했지만 비폭력대화를 만든 마셜 로젠버그Marshall B. Rosenburg는 욕구 사이에 우선순위나 전제 조건을 두지 않았다. 모든 욕구는 그 자체로 존중받아야 하며, 누구든 욕구 차원에서 만나면 하나임을 경험한다고 보았다. 마셜의 도움을 통해 도무지 서로 이해하기 힘든 사람들이 가슴으로 만날 수 있었던 것은 그들이 욕구로 연결되었기 때문이다. 연민과 공감에 생명력을 불어넣는 욕구 단어들을 하나하나 소리 내어 읽어 본다.

자율성

자신의 꿈, 목표, 가치를 선택할 자유, 자신의 꿈, 목표, 가치를 이루기 위한 방법을 선택할 자유

신체적/생존

공기, 음식, 물, 주거, 휴식, 수면, 안전, 따뜻함, 신체적 접촉(스킨십), 성적 표현, 부드러움, 편안함, 돌봄을 받음, 보호받음, 애착 형성, 의존(생존과 안전), 자유로운 움직임(이동), 운동

사회적/정서적/상호 의존

주는 것, 봉사, 친밀한 관계, 유대, 소통, 연결, 배려, 존중, 상호성, 공감, 이해, 수용, 지지, 협력, 도움, 감사, 인정, 승인, 사랑, 애정, 관심, 호감, 우정, 가까움, 나눔, 소속감, 공동체, 안도, 위안, 신뢰, 확신, 정서적 안전, 자기 보호, 일관성, 안정성, 정직, 진실, 예측 가능성

놀이/재미

쾌락, 흥분, 즐거움, 재미, 유머

삶의 의미

기여, 능력, 도전, 명료함, 발견, 회복, 깨달음, 자극, 효능감, 인생 예찬(축하, 애도), 기념, 중요성, 참여, 희망, 주관을 가짐(자기만의 견해나 사상)

진실성

진실, 성실성, 존재감, 일치, 개성, 자기 존중, 비전, 꿈

아름다움/평화

아름다움, 평탄함, 홀가분함, 여유, 평등, 조화, 질서, 평화, 영적 교감, 영성

자아실현

성취, 배움, 생산, 성장, 창조성, 치유, 숙달, 전문성, 목표, 가르침, 자각, 자기 표현

제 스트레스 해소법은 욕구 명상입니다

나는 이제 스트레스를 받으면 무작정 자는 대신 욕구 목록을 펼친다. 그러고는 "무엇을 원하세요?" 혹은 "어떤 게 중요하세요?"라는 질문을 던진다. 때로는 향이나 이미지로 떠오르기도 한다. 포스트잇에 적거나 욕구 단어가 적힌 카드를 손 위에 올려 무게를 느껴보기도 한다. 어떤 방법이든 좋다. 천천히 호흡을 고르며 욕구를 하나하나 음미한다.

무엇을 원하냐는 질문에 '아파트'나 '승진', '○○대 합격' 같은 단어가 떠오를지도 모른다. 아파트, 승진, 합격은 어떤 욕구를 충족시키기 위한 전략이자 목표다. 가령 아파트를 소유하면 편안함, 휴식, 여유, 안도, 자기 보호, 성취, 홀가분함이 충족된다. 마찬가지로 승진을 하면 성장, 보람, 능력, 효능감, 인정, 안정성 같은 욕구가 충족된다.

전략이나 목표를 떠올리면 위축되기 쉽다. 당장 이루어지지 않아

답답하고 화가 나거나 무기력해지기도 한다. 하지만 목표 너머의 욕구를 찾아 음미하면 기운이 난다. 그 욕구를 충족시킬 다양한 방법을 떠올릴 힘이 생긴다. 그렇게 떠올린 방법은 애초의 목표와 조금 다를지도 모른다. 수단이나 방법, 전략이나 목표가 아니라 그걸 통해 충족하고자 하는 '욕구'를 찾는 게 중요하다.

어려우면 느낌 목록으로 돌아간다. 한 단어, 한 단어 섬세하게 들여다본다. 그렇게 모인 느낌들은 내 욕구의 사인이다. 느낌이 보내는 신호에 귀 기울이면 내가 무엇을 원하는지 찾을 수 있다. 그렇게 찾은 욕구들을 돌본다. 충족시킬 다양한 방법이 떠오른다. 신나고 재밌는 돌봄의 시간을 갖는다. 막연하게 스트레스 받았다며 이불을 덮었을 때와는 차원이 다르다.

대화 전에도 짧게 욕구 명상을 한다. 그래서 내 욕구를 잘 알아채고 이를 기반으로 말하면 내가 하고자 하는 말과 하는 말이 일치한다. 마음과 달리 말하면서 상대가 내 마음을 알아주었으면 하는 억지를 부리지 않게 된다.

욕구에 기반을 두어 말하면 같은 상황에서도 다르게 행동할 힘이 생긴다. 익숙한 몇몇 방식이 아니라 '아니 내가?'라고 놀랄 만한 아이디어가 떠오른다. 자유롭고 생동감 넘친다.

끝이 아니다. 내가 내 욕구를 돌볼 때 비로소 타인의 말과 행동에서 욕구가 들리고 보인다. 그것을 존중하며 대화한다. 질적인 연결이 이루어진다. 연대와 회복을 경험한다.

대화를 변화로

부탁

비폭력대화의 4단계 중에 관찰과 느낌, 그리고 욕구까지 3단계를 만났다. 관찰에 대한 느낌을 알아채고, 그 느낌이 어떤 욕구에 뿌리를 두고 있는지 살펴보는 것까지는 굳이 말로 표현하지 않아도 된다. 하지만 욕구에 기반해 부탁하는 마지막 단계는 다르다. 표현해야 의미가 있다.

지금까지 누군가에게 부탁해본 경험이 적고, 용기 내어 이야기했는데 받아들여지지 않았다면 부탁이 어렵게 느껴질 것이다. 또 다시 거절당하는 수모를 겪느니 그냥 내가 하거나 포기하는 게 낫다는 생각이 들 수도 있다. 하지만 부탁해야 욕구가 실현된다. 제대로 하는 부탁은 대화를 바꾸고 관계에 생명력을 불어넣어 삶을 바꾼다. 지금까지 쌓은 자기 공감을 바탕으로 실질적인 변화를 가져오는 강력한 도구다.

이따금 업무 경험을 나눠달라는 요청을 받는다. 용기 내어 사람들 앞에 선다. 비폭력대화를 배우기 전에는 떨리는 마음으로 이렇게 시작했다.

"강의에 적극적으로 임해주세요."

"열심히 준비했으니 잘 들어주시면 좋겠습니다."

사람들은 대부분 흘려듣는다. 적극적이라는 말이 모호하고, 잘 들어달라는 표현도 추상적이고 식상해서일 것이다. 내 부탁은 공중으로 흩어진다. 돌아보면 나는 나 자신과 연결되지 않았거나(준비한 것만 빨리 끝내자.), 상대가 '알아서 잘' 해주기를 바라거나(강의하는 사람 성의를 봐서라도 적극적으로 반응해주면 좋겠다.) 시시비비(사람이 앞에 서 있는데 잘 들어주는 게 예의지. 당연한 거 아닌가?)를 따졌다. 이런 생각을 하다 보면 '강의는 왜 한다고 해서 이렇게 사서 맘고생을 하고 있나' 하는 자책에 우울해지기 일쑤였다.

하지만 비폭력대화를 배운 뒤론 욕구에 기반해 이렇게 부탁한다.

"마이크보다는 콘솔 앞이 익숙한 사람이라 지금 무척 긴장되네요. 저는 여러분이 원하는 걸 잘 반영해서 이 시간을 의미 있게 만들고 싶어요. 그래서 드리는 부탁입니다. 제가 강의 중에 질문을 드리면 입 밖으로 소리 내서 대답해주시겠어요?"

그러면 잠잠하던 수강자들이 입을 열기 시작한다. 하물며 "잘 모르겠어요.” “모르니까 여기 왔죠!”라는 말이라도 한다. 그 반응 덕분에 수강자들이 웃으며 집중한다. 나는 사람들과 연결되어 생동감 있게 강의한다. 부탁하기 위해 느낌과 욕구를 찾다 보면 긴장도 절로 가라앉는다. 당연한 이야기지만 강의 피드백이 훨씬 좋아졌다.

예전의 나는 원하는 걸 잘 모르는 데다 제대로 부탁하지 못하고 막연하게 상대방이 알아서 해주길 바랐다. 그 결과는 좌절과 의기소침, 아주 단단하고 짙은 우울감이었다. 책을 읽다 ‘우울은 우리가 착한 사람으로 행동할 때 얻는 보상’이라는 표현을 발견하곤 몸이 확 쪼그라들었다. 자기 욕구를 모르고 부탁도 제대로 하지 않는 사람은 실은 착한 사람이 아니다. 오히려 타인에게 막연한 부담감과 불편함을 준다. 자기 자신을 함부로 대하는 건 물론이다.

그런데 말입니다.
혹시 그 부탁, 명령이나 강요인가요?

부탁이 이렇게 유용하고 아름다운데 막상 하거나 들으면 묘하게 불편하다. 그 부탁이 실은 강요이기 때문이다. 조심스러운 말투에 경어를 써도 마찬가지다.

부탁과 강요를 구분하기는 의외로 쉽다. 거절의 상황에서 화가 나면 강요다. 상대가 그 부탁을 들으면 복종이고, 들어주지 않으면 반항이라 생각한다면 강요일 확률이 높다. 상대가 거절했을 때 비난하고 벌주고 죄책감을 심어주고 싶어진다면 강요일 확률이 높다. 상대의 대답이 '아니요'일 때 '예'로 만들기 위해 설득하고 있다면 역시 부탁이 아니다. 진짜 부탁이라면 상대방이 '예'라고 답하지 않는 이유를 묻고, 상대의 느낌과 욕구를 읽어주어야 한다. 우리의 목적은 상대를 이용해서 내가 원하는 것을 얻는 것이 아니라 서로 솔직함과 공감을 바탕으로 연결되는 것이기 때문이다.

혹시 부탁이 특정한 '수단과 방법'에 그치지 않았는지 돌아본다. 나 혼자 생각한 수단과 방법 대신 욕구로 연결되면 그것을 충족시킬 방법을 함께 찾게 된다. 가령 동료에게 "지금 커피 마시러 갈래?"라고 제안했다고 상상해보자. 내가 충족하고 싶은 욕구는 동료와의 연결, 나눔, 여유다.

하지만 동료는 "아니"라고 대답할 수 있다. 이때의 "아니"는 '지금', '커피'라는 수단과 방법에 대한 거절이지 연결과 나눔과 여유에 대한 거절이 아니다. 상대도 나와 연결되고, 여유롭게 이야기를 나누길 원하지만 '지금'은 바쁘고, 마침 이번 주부터 커피를 줄이기로 결심했을 수도 있는 일이다. 내가 싫거나 단절을 원해서가 아니라 '지금 커피'를 마시는 게 여의치 않을 뿐이다.

"혹시 지금 여유 있어? 이야기 좀 나누고 싶어서 말야"라고 욕구를 바탕으로 제안하면 "삼십 분 뒤에 같이 산책할까?"라는 답이 돌아올지도 모른다. '지금, 커피'를 마시러 가진 않았지만 연결과 나눔, 여유라는 내 본래 욕구가 충족된다. 제대로 한 부탁은 나뿐만 아니라 상대의 욕구도 잘 알고 충족시키게 돕는다.

제대로 하는 부탁은 삶을 드라마틱하게 바꾼다. 오해와 실망과 분노 대신 실천과 사랑과 신뢰가 채워지니까. 이 말이 와 닿았다면 이제 그 방법을 알아볼 때다.

이모님, 여기요~

부탁

나는 식당에 가면 남몰래 긴장한다. 주문하고 부탁하는 일이 어려워서다. 밑반찬으로 나온 감자 샐러드가 맛있어서 더 먹고 싶은 마음에 용기를 내어 손을 들고 "이모님, 여기요, 여기요~"라고 외쳐보지만 아무도 쳐다보지 않는다. 나름대로 타이밍을 맞춰 뱃심을 다해 부르는데도 주변 소음이나 홀을 쩡쩡 울릴 만한 성량을 가진 사람에게 묻히기 일쑤다.

사소한 부탁도 우물쭈물하니 업무나 어려운 부탁은 말할 것도 없다. 하기 며칠 전부터 끙끙 앓는다. '이럴 바엔 차라리 그냥 내가 해버리고 말지' 하고 해버린 적도 많다. 혼자 감내하느라 몸과 마음이 피곤하다. 때론 "왜 혼자 했어? 나한테 부탁하지"라는 핀잔을 듣기도 한다. 부탁을 잘하는 능력은 천성인 걸까, 나는 평생 이렇게 살아야 하나 낙심하던 차에 비폭력대화 교재 목차에서 '부탁'이란 두 글자를 발견했다. 부탁을 배울 수 있다니! 놀랍고 반가웠다.

교실에 나 못지않게 눈이 반짝거리는 사람이 있었다. 한 번도 나서서 말한 적이 없는 수강생인데 '부탁' 수업이 시작되자 손을 든다. 아무리 부탁해도 남편이 듣지 않는다는 고민이었다. 그의 남편은 평일엔 수시로 야근을 하고 주말에도 출근을 한다 했다. 그래서 이렇게 말했다고 한다.

"당신, 너무 일에만 매달리지 않았으면 좋겠어."

이 말을 들은 남편은 시큰둥하게 알았다고 대답했다. 하지만 변화는 없었고, 몇 주를 지켜보다가 다시 부탁했다.

"여보, 주말에 회사 좀 가지 마."

결과는 어떻게 되었을까? 남편은 주말에 회사에 가지 않았다. 대신 운동 회원권을 끊어 새벽같이 집을 나섰다. 남편 입장에서는 아내의 부탁을 들어준 셈이지만 아내는 여전히 서운하고 속상했다. 그래서 "아니, 그게 아니라……"라고 말끝을 흐리자 남편이 말했다.

"당신 말대로 했잖아. 주말에 회사 가지 말라며. 어쩌라는 거야? 운동 가면 사람도 만나고 얼마나 좋은데."

말문이 막혔다고 한다. 틀린 말은 아니니까. 그런데 여전히 헛헛하고 섭섭했다. 어떻게 하면 제대로 부탁할 수 있을까?

우리의 부탁이 잘 들리지 않는 이유

나와 그 수강생은 공통점이 있다. 상대가 알아서 마음을 읽어주길 바라며, 부정적이고 모호하게 말하는 습관을 가졌다. 이래도 상대가 알아듣는 경우가 있긴 하다. 권력과 생존이 얽혀 있거나(다시 말해 갑을 관계) 뭔가를 얻어내려는 목적(다시 말해 사기꾼)이 있으면 어떻게든 알아듣는다. 하지만 상식적인 관계에서 눈빛 하나로 내 마음을 알아주는 사람은 좀처럼 찾아보기 힘들다. 그만큼 상대가 원하는 걸 알아차리는 데는 에너지가 필요하다.

우리는 서로 잘 모른다. 심지어는 자기 자신이 뭘 원하는지도 잘 모른다. 일단 내 마음부터 잘 들여다보고 구체적으로 긍정적으로 표현해보자. 부탁을 들었을 때 '뭘 언제 어떻게 하면 될지' 별 고민 없이 알 수 있어야 한다. 답을 들을 수 있게 의문형으로 물어보면 더 좋다. 그렇게 부탁해도 닿을까 말까다. 원인을 상대에게 돌리며 나를 비극적으로 포장하거나, 말을 빙빙 돌려서 상대를 자극하거나, 혼자 구시렁대거나, 수수께끼처럼 두루뭉술한 부탁은 결코 상대에게 닿지 않는다.

왜 부탁하는지 욕구를 함께 표현할 때 그 부탁이 강력해진다. 이 수강생은 왜 부탁하는 걸까? 남편과 연결되고 유대감을 갖길 원해서다. 남편에게 가족이 중요한 존재라는 걸 확인하고 싶어서다. 함께 즐거운 추억을 쌓고 싶어서다. 이렇게 원하는 바를 담아 구체적이고 긍정적이며 의문형으로 부탁을 다듬었다.

"여보, 난 우리 가족이 유대감을 가졌으면 좋겠어. 또 당신이 아이들과도 재밌는 추억을 쌓았으면 좋겠고. 그걸 위해 격주로 주말에 하루는 가족들과 시간을 보내줄래?"

이 부탁을 들은 남편은 어떻게 반응했을까? "진작 그렇게 말하지. 오케이!"라며 토요일 하루를 가족과 함께 보냈다고 한다. 두 부탁은 어떻게 다른가.

바꾸기 전

"너무 일에만 매달리지 않으면 좋겠어. 여보, 주말에 회사 좀 가지 마."

상대의 행동을 일반화하고 부정적으로 표현했다. 남편은 비난받는다고 생각했을지도 모른다. "내가 언제 일에만 매달렸다고 그래?"라면서 방어하거나 "주말에 회사 가는 게 나 혼자 좋자고 하는 것 같아?"라면서 반발하고 싶었을 것이다.

바꾼 뒤

"여보, 격주로 주말 하루는 가족들과 시간을 함께 보내줄래?"

원하는 것을 현재를 기준으로 구체적이고 긍정적이며 의문문으로 말했다. 이제 남편은 본인이 무엇을 해야 할지 명확하게 알게 됐다. 의문문이니까 듣고 흘리기보다 이렇다 저렇다 응답할 확률이 높다.

함께 수업을 들은 그와 남편은 주말에 출근하는 문제 외에도 다양한 갈등을 겪고 있었다. 부부 상담도 받아봤지만 별 소용이 없었다고 한다. 그런데 이렇게 욕구를 기반으로 부탁하면서 일상이 달라지고 관계도 나아졌다.

이게 끝이 아니다. 부탁에 대한 새로운 관점을 가지면 부탁이 더욱 소중해진다. 비폭력대화는 부탁을 '상대가 내게 기여할 기회를 주는 행위'로 본다. 지금까지 부탁은 상대에게 부담을 주고, 내가 상대에게 의존하는 행위였다. 가능하면 하지 말아야 할, 하더라도 마음의 짐이자 갚아야 할 빚이었다. 하지만 부탁이 나의 행복을 위해 상대에게 손을 내미는 과정이라 생각하니 마치 선물 같아 보였다.

요즘 나는 무엇을 원하는지, 그걸 충족하기 위해서 지금부터 무엇을 어떻게 하면 좋을지를 구체적으로 상상한다. 그 상상을 현실로 만드는 데 상대가 해줄 수 있는 행동을 구체적으로 말한다. 더 이상 나는 식당에서 우물쭈물하지 않는다. 감자 샐러드를 더 먹고 싶은 나를 돌본다. 음식을 가져다주시는 분이 내게 맛있는 밑반찬을 챙겨줄 기회를 드리자.

"감자 샐러드가 참 맛있네요. 한 접시 더 주세요!"

NVC를 소개합니다

비폭력대화NonViolent Communication-NVC는 연민의 대화 또는 삶의 언어라고도 불린다. 미국의 임상심리학자이자 평화운동가인 마셜 로젠버그가 만들었고, 2003년 캐서린 한(한국NVC센터 설립자)이 한국에 처음 소개했다. 마셜은 '인간의 본성은 서로의 삶에 기여할 때 기쁨을 느끼는 것'이라고 믿으며, 두 가지 문제를 깊이 생각한다.

- 왜 우리는 본성을 잃고 서로 폭력을 쓰면서 살게 되었을까?
- 반면 어떤 사람들은 어려운 상황에서도 어떻게 자기 본연의 인간성을 잃지 않으면서 다른 사람에 대한 연민을 유지하는가?

이 두 가지를 연구하기 위해 로젠버그는 심리학을 전공하고 상담실을 운영했다. 심리 상담과 정신과 치료는 폭력적인 사람을 '환자'로 규정하지만 그의 생각은 달랐다. 사람이 특정한 환경(사회 구조나 권력 관계)에서 특정한 말을 들으면 폭력성이 길러진다는 것을 발견했다. 우리가 대화할 때 쓰는 말과 말하는 방법이 얼마나 중요한지 깨닫고, 대화로 치유하는 방법을 모색했다.

그는 타인과 유대 관계를 맺는 데 도움이 되는 구체적인 대화 방법을 개발했고, 그 결과물이 바로 비폭력대화다. 그는 전 세계 35개국 이상에서 갈등과 분쟁을 중재하고, 비폭력대화를 교육하며 평화로운 세상을 위해 애쓰다 2015년 세상을 떠났다. 비폭력대화는 새로운 것이라기보다는 우리의 본래 모습을 우리 자신에게 상기시키는 대화법이다. 비폭력대화의 주요 개념은 다음과 같다.

- 사람은 가슴에서 우러나서 주는 것을 즐긴다.
- 모든 사람은 같은 욕구를 공유하고 있고, 그 에너지로 서로 연결되어 있다.
- 세상에는 모든 사람의 기본적인 욕구를 충족하기에 충분한 자원이 있다.
- 우리의 모든 행동은 어떤 욕구를 충족하기 위한 시도다.
- 느낌은 충족되었거나 충족되지 않은 욕구를 알려주는 신호다.
- 모든 사람에게는 사랑과 연민compassion의 능력이 있다.
- 우리는 항상 선택할 수 있다.
- 욕구 차원에서 연결할 때 우리는 모든 존재와 상호 의존interdependence하며 하나임oneness을 경험한다.

비폭력대화를 알게 된 많은 사람들이 "내가 폭력적이라는 거야? 나는 욕하지 않고 부드럽게 말하는데 어딜 봐서?"라고 반응한다. '비폭력'이란 단어를 다르게 이해하기 때문이다. 비폭력대화는 인간의 본성인 연민으로 돌아간 상태를 '비폭력'이라 부른다. 욕이나 극단적인 말이 아니어도 상대를 소외시키고 자기를 기만하는 표현은 '폭력'이다.

비폭력대화를 익히면 바로바로 반응을 보이는 대신 자신이 무엇을 관찰하고 느끼고 원하는가를 의식하면서 정직하고 명확하게 자신을 표현하게 된다. 뿐만 아니라 다른 사람의 이야기에 진심으로 관심을 갖게 된다.

형식은 관찰-느낌-욕구-부탁의 네 단계다. 이 단계는 고정된 공식이 아니며, 개인이나 문화적 특수성에 따라 얼마든지 상황에 맞게 적용할 수 있다. 즉 이 네 가지 요소를 인식하는 우리 마음에 있는 것이지 주고받는 말에 있지 않다. 이전의 대화 습관에 휩쓸리지 않고 각각의 단계를 의식해서 자유롭게 구사할 수 있을 때까지 연습이 필요하다.

비폭력대화를 처음 배우면 아래 문장들처럼 형식적으로 말하기 쉽다.

(관찰) 내가 ~을 보았을 때 / 들었을 때

(느낌) 나는 ~를 느꼈어.

(욕구) 왜냐하면 ~가 중요하기 때문이야.

(부탁) ~를 해줄 수 있니? / 내 이야기를 들으니까 어때?

위의 형식에 따라 언니가 동생에게 이렇게 말했다고 가정해보자.

(관찰) 지난 이틀 동안 네가 새벽 두 시까지 술 마시는 것을 보았을 때,

(느낌) 걱정이 되고 궁금하기도 했어.

(욕구) 힘든 일이 있을 땐 같이 이야기 나누며 돕고 싶어.

(부탁) 연결 부탁 : 내 얘길 들으니 어때?

행동 부탁 : 혹시 오늘 저녁에 시간 내서 같이 얘기할 수 있니?

이렇게 말하면 우선 말의 길이가 길어지고(이야기를 다 하기도 전에 동생은 "뭐래"라고 짜증내며 방 문을 닫을지도 모른다.) 번역문 같아서 어색하다. 처음에는 형식대로 연습할 필요가 있지만 익숙해지면 의도를 놓치지 않는 선에서 자연스럽게 구사하면 된다.

이 상황에서 언니가 "요새 힘든 일 있니?"라고 짧게 물어봐도 '너를 이해하고 돌보고 싶다'는 마음이 전해진다면 동생은 알아챌 것이다. 때로는 "야, 괜찮아?"로도 충분하다. 진심만 있으면 기술이나 형식은 크게 중요하지 않다.

출처: 《비폭력대화》(마셜 B. 로젠버그, 한국NVC센터)

NVC 연습

구체적이고 긍정적으로 부탁하는 연습
(구체적이고 긍정적인 말로 바꿔보기)

❶ 나를 이해해줘.

❷ 네가 좀 더 자신감을 가졌으면 좋겠어.

❸ 제한 속도에 맞춰서 운전해줘.

❹ 저에 대해 솔직하게 말해주세요.

❺ 회의 시작 5분 전에 와주실래요?

❶ 구체적이고 긍정적인 부탁이 아니라고 본다. "내 이야기를 하고 싶은데 삼십 분 정도 집중해서 들어주겠어?"로 바꿀 수 있다.

❷ 구체적이고 긍정적인 부탁이 아니라고 본다. "엄마가 질문했을 때 소리 내어 대답해주면 좋겠어"로 바꿀 수 있다.

❸ 구체적이고 긍정적인 부탁이라고 생각한다. 도로마다 제한 속도가 있으니 이 부탁을 들었을 때 무엇을 어떻게 해야 하는지 분명하게 알 수 있다.

❹ 구체적이고 긍정적인 부탁이 아니라고 생각한다. "지난번 제 발표가 어땠는지 잘한 점과 아쉬웠던 부분을 말씀해주시겠어요?"라고 바꿀 수 있다.

❺ 구체적이고 긍정적인 부탁이라고 생각한다. 이 부탁을 들었을 때 무엇을 어떻게 해야 하는지 명료하게 알 수 있다.

부정적인 부탁을 구체적이고 긍정적으로 바꾸고(➔), 욕구 덧붙이기(➕)

---

❶ 또 지각이니? 게으른 성격 좀 고칠 수 없겠니?

➔ 수업 시작 5분 전까지는 교실에 도착하렴.

➕ 약속을 지켜서 서로의 시간을 존중하는 게 중요해.

❷ 나한테 그런 식으로 말하지 마!

➔ 목소리를 좀 낮추는 게 좋지 않을까? 아니면 잠시 쉬는 시간을 가질까?

➕ 난 평화롭게 대화하고 싶어. 날 존중해줬으면 좋겠고.

❸ 나를 더 사랑해줄래?

➔ 집에 들어온 직후엔 나랑 눈을 마주치면서 인사해줄래?

➕ 난 일상에서 당신과 감정을 표현하며 살고 싶어.

❹ 우리, 얘기 좀 하자.

➔ 잠깐 앉아서 이야기 나눌 시간 있어? 그게 어려우면 이 상황을 해결할 아이디어가 있는지 알고 싶어.

➕ 상황이 예상되면 편안할 것 같아. 당신과 생각을 공유하는 것도 중요해.

출처: 《비폭력대화》(마셜 B. 로젠버그, 한국NVC센터)

4장
두려운 대화 상황

자기와 연결하기

언어폭력 앞에 꼼짝 못하는 나를 돌보다

한때 몸이 아파서 병가를 냈다. 겨우 회복해 출근한 첫날, 점심을 먹으러 나가는 길에 만난 한 선배가 나에게 말했다.

"진희 씨, 연애를 안 하니 몸이 자꾸 아프지. 남자친구 사귀고 잠자리도 갖고. 어? (알 거 다 알지 않느냐는 웃음을 지으며) 그래야 건강하고 튼튼해진다고."

귀를 의심했다. 순간 얼어붙었다가 열이 확 났다. 무례하고 천박하다는 평가가 올라왔다. "뭐라고요? 지금 성희롱하신 거예요!" 바로 덤벼들고 싶었다.

정신을 꽉 붙잡았다. 이렇게 말해봤자 상대는 알아듣지도 못한다. 더구나 나는 대화법을 배우고 있는 사람 아닌가. 내 느낌과 욕구가 무엇인지 찾아보았다. 놀랍고 당황스럽다. 불쾌하고 화도 난다. 존중받지 못했고, 이런 사람과 같은 공간에서 함께 일을 해야 하다니 안전을 위협받는 것 같았다.

돌아보니 몹시 선불렀지만 당시엔 이 정도로 느낌을 알아채면 충분하다 생각하고 "선배, 그런 말은 불쾌하고 당황스럽네요"라고 내 느낌을 표현했다. 그러자 선배는 튕겨내듯 대답했다.

"아니, 걱정해서 하는 말인데 당황스러울 일은 아니지."

의문의 1패. 느낌을 부정당하니까 말문이 막혔다.

느낌을 부정당해도 중심 잃지 않기

내 표현을 한다고 상대가 나를 바로 이해해주리라는 기대를 해선 안 된다. 그럴 만한 사람이면 그런 말을 하지도 않았을 거다. 황당해서 머뭇거리는 사이, 함께 있던 다른 선배가 "야, 너나 잘해. 매일 약을 한 보따리씩 먹으면서 누가 누굴 걱정해? 오늘 점심 뭐 먹을래?"라고 말해준 덕에 상황은 마무리됐다.

언어폭력에 '맞다-틀리다' 프레임으로 접근하면 백전백패다. 상대가 맞는 말을 할 때도 있지만 지나고 보면 맞는지 틀리는지는 그리 중요하지 않다. 아무리 맞는 말이라 한들 그걸 들은 내가 기분 나쁘고 화가 나는데. 이 선배의 말처럼 사실인지 아닌지 알아볼 가치조차 없는 말도 많다.

여기서 발목 잡히기 쉬운 대목은 '걱정해서 하는 말'이다. 말하는 사람의 '걱정'은 관심이자 진심일 때가 많다. 내용이 아무리 쓰레기 같아도 말하는 사람 입장에서는 그렇다는 뜻이다. 걱정이라는 의도가 워낙 숭고해서 건드리기 어렵다.

상대의 말에 휩쓸리지 않고 계속 내 느낌과 욕구에 집중했어야 한다. 뒤엉켜 진흙탕에서 싸울지, 중심을 잡고 가던 길을 갈지는 내 선택이다. 2016년 미국 대선 당시, 트럼프가 끝없이 도발할 때 미셸 오바마는 이렇게 말하지 않았나.

"When They go low, We go high."

의역하자면, '그들이 저급하게 할 때도 우리는 품위를 잃지 맙시다'란 말이다.

품위 있게 대응하기 위해서는 자기 연결이 필수다. 단단하게 자기를 공감해야 연결이 끊어지지 않는다. 어물쩍 넘어가서는 안 된다. 계속 내 느낌과 욕구에 집중해야 언어폭력을 들었던 상황을 다시 떠올려도 덜 힘들고, 비슷한 일이 벌어졌을 때도 달리 대응할 수 있다. 나를 표현할 에너지도 생긴다.

상황을 돌아보며 내가 충족하고 싶은 욕구(존중, 안전, 자기표현)에 충분히 머물렀다. 우선 내가 나를 공감해줬다. 선배가 나를 걱정하는 마음이나 아무 말이라도 해서 친근감을 표현하고 싶은 욕구, 그런 말을 걱정이라고 여기게 된 그만의 경험도 떠올랐다. 하지만 그것까지 공감해주고 싶진 않았다.

며칠 뒤, 또 같이 점심을 먹으러 나가게 되었다. 그 선배와 일행에서 조금 떨어져 걸으며 말했다.

"(관찰) 선배, 며칠 전에 '남자를 사귀어야 건강해진다'고 말씀하셨잖아요. 그 말 들었을 때 (느낌) 놀라고 아주 불편했어요. (욕구) 저는 사생활을 존중받고, 직장에서 안전하고 편안하게 있고 싶어요. (부탁) 아무리 제가 걱정돼도 앞으로 잠자리나 연애 이야기는 하지 마세요."

여기까지는 배운 대로고 몇 마디 더했다.

"여자 동료들에게 그렇게 이야기하시면 안 돼요. '걱정'해서 하는 말이에요. 세상이 어떻게 돌아가는지 공부하고, 조심하세요."

거절하기

"싫어요" 이 한마디를 못해서 날린 47만 원

미용실에 다녀오면 예뻐진다. 많은 이들이 말하길 힐링이 된다고 하는데, 정작 나는 갈 때마다 긴장한다. 얼마 전까지 내게 미용실은 목돈을 뜯기지 않게 정신 똑바로 차려야 하는 전투의 현장이었다. 보험 설계사를 만나거나 네일숍, 자동차 정비소, 스포츠센터에 갈 때도 비슷했다. 이른바 '호구 잡힌' 기억이 많아서다.

흑역사는 고3 때로 거슬러 올라간다. 지원한 대학에서 면접을 보고 나오는 길이었다. 똑똑하고 친절해 보이는 언니들이 나와 친구를 붙잡았다. 이 학교 선배라는 말과 함께 "다른 신입생들은 영어를 잘하니까 뒤처지지 않으려면 미리 공부를 해야 한다"고 말했다. 틀린 말은 아니란 생각에 따라갔다. 약간 떨어진 곳에 승합차가 있었다. 차

안에는 우리 외에 두세 명이 더 있었다. 토플 테이프 80개와 교재 5권 세트가 원래는 80만 원인데 예비 후배들이니까 특별히 47만 원에 준다고 했다.

당시엔 토익과 토플이 뭔지, 두 시험의 차이가 뭔지도 몰랐다. 언니들은 나중에 취소해도 된다며 종이에 인적 사항을 적으라고 했다. 홀린 듯이 빈칸을 채웠다. 불편했지만 싫다고 말할 용기가 없었다. 거절하면 선배라는 사람들이 실망할 것 같았다. 옆을 보니 친구도 열심히 쓰고 있었다.

며칠 뒤 택배가 도착했다. 엄마가 뭐냐 물으시기에 자초지종을 설명하고 종이를 내밀었다. 약간 당황하시더니 몇 달에 걸쳐 주억주억 47만 원을 내주셨다. 내 결정을 존중해서인지, 부모님도 대처할 방법을 모르셨던 건지는 알 수 없다. 다만 그 책은 내내 마음의 짐으로 남았다. 재미도 없고 질도 떨어져서 한두 페이지 들춰보다 말았다. '그래, 영어 공부 중요하지' 정신 승리를 시도해봤지만 나는 알고 있었다. 호구가 된 것임을.

입학해서 눈을 씻고 찾아봐도 그 언니들은 보이지 않았다. 몇 년 뒤, 함께 교재를 샀던 친구가 조심스럽게 물었다.

"우리 그때, 당한 거 맞지?"

그날 나는 왜 거절하지 못했을까? 아직 어리고 세상 물정을 몰랐다고 이해하려 해도 한심하다. 내가 거절하면 '이분들이 곤란하지 않을까', 생전 처음 보는 사람을 걱정했다. 영어는 필요한 거고, 나는 잘 못하잖아. 이참에 공부하는 거지'라는 당위와 자격지심으로 나 자신을 설득했다. 금쪽같은 돈을 그렇게 필요하지도 않은 영어 교재를 사는 데 날렸다.

그럼에도,
아직도 여전히 어려운 거절

오랜 시간이 흘렀지만 나는 여전히 거절이 어렵다. 처음 보는 사람에게도 쩔쩔매니 가까운 사람이나 권력 관계가 얽힌 사람의 부탁은 말할 것도 없다. 그간 보아온 세월과 관계, 거절의 후폭풍이 발목을 잡는다. 단절되고, 외로워질 것 같아 두렵다. 모두에게 '좋은 사람'이 되고 싶은 욕심이 크다. 누군가에게 좋은 사람이어야만 내가 존재할 가치가 있다는 생각도 든다.

사사건건 거절할 필요는 없다. 하지만 도저히 들어줄 수 없는 부탁을 거절하지 못하면 삶이 꼬이기 시작한다. 상한 음식에 파리 꼬이듯 관계를 인질 삼아 나를 조정하려는 사람들이 기막히게 달려든다. 인간관계도 회사생활도 힘들어진다. "저기, 있잖아……"라면서 누가 말만 걸어와도 움찔한다.

그런데, 상대의 기분이나 관계보다 나를 먼저 들여다보자 달라지기 시작했다. 거절은 그들에게 'No'이지만 나 자신에게는 'Yes'다. 상대의 욕구를 좌절시킨다는 죄책감에 압도되지 않고 충족되는 내 욕구에 집중했다. 자기 보호, 자유, 예측 가능성, 편안함, 안전.

고작 착하다는 소릴 듣고 싶어서 그간 뒷전으로 미뤘던 소중한 욕구들이다. 이 욕구들이 충족된다고 상상하니 홀가분하고 기쁘고 심지어 뿌듯했다. 그런데 막상 거절하려니 어색했다.

우선 혼잣말을 하며 연습했다. 아무도 없는 집에서 일부러 크게 여러 번 소리 내어 외쳤다.

"아니요, 안 돼요, 싫어요, 시간 없어요, 못해요, 관심 없어요."

그로부터 얼마 후, 상사가 갑작스럽게 업무 지시를 했다. 무리한 지시라는 생각에 "하기 어렵습니다"라고 담담하게 말했다. 이렇게만 해도 "아, 그래?" 하며 넘어가는 경우가 많았다. 상사가 왜 어렵냐고 물으면 "지금 하고 있는 업무도 많고, 애초에 제 업무가 아니라서요"라고 하며 업무분장 문서와 내 업무량을 정리해 제출했다. 그러면 대부분의 경우 상사는 "몰랐네"라며 다른 사람을 찾았다. 그 상황이 증명한다. 꼭 내가 할 일이 아니었음을. 거절 못하는 사람이 회사를 좀먹는 직원일 확률은 낮다. 월급만큼, 남들만큼 일하고 있을 테니 너무 걱정하지 않아도 된다.

인간관계는 좀 더 용기가 필요했다. 비폭력대화는 거절을 하더라도 서로의 욕구를 이해하면서 연결을 유지하는 것을 지향한다. 상대의 상황에 공감해주고, 그럼에도 내가 거절하는 이유와 내 욕구의 중요성을 표현했다. 구구절절 사정을 설명하거나 애매하게 둘러댈 때와는 기분이 전혀 달랐다. 목소리는 가볍고 뒤돌아서서는 개운했다.

거절했다고 단절되는 사이는 단호하게 끊었다. 한동안 허전하고 속상했지만 시간이 지날수록 후련하고 편안해졌다. 무리가 되는 부탁을 지속적으로 들어줘야만 유지되는 관계는 건강하지 않다. 하루라도 빨리 벗어나는 게 나를 지키는 길이다.

부탁을 들어주는 것은 내 선택이다. 영어 교재를 산 것도, 자주 가지도 않으면서 고액의 회원권을 끊어서 스트레스를 받은 것도 다 내 선택이다. 상대가 아무리 내 자격지심과 허영, 죄책감, 두려움을 자극했어도 결국 "네"라고 말한 건 나다.

책임질 수 있는 선택만 하기로 결심하니 부탁을 들어줄 때 더 많이 기뻤다. 상대방도 내 승낙을 당연하게 여기지 않았다. 그러자 부탁이나 제안의 의미가 달리 보였다. 누군가의 부탁으로 나는 성장하고 배울 기회를 갖는다. 그들의 제안은 내 고민이나 어려움을 해결해준다. 덕분에 나는 아름다워지고(미용실), 노후도 대비하고(보험), 더 건강(스포츠 센터)해진다. 감사한 일이다.

내 승낙을 당연히 여기거나, 거절하면 생기는 불이익을 이야기하는 사람에게는 되묻는다. 내가 이걸 했을 때 나에게 어떤 점이 좋은지, 내가 왜 이 부탁을 들어줘야 하는지. 겁주는 화법으로 영업하는 분들께는 정중하게 부탁한다. 내 단점을 지적하거나 아직 벌어지지 않은 일로 걱정시키지 말라고. 대신 이걸 하면 무엇이 어떻게 좋아지는지, 그걸 위해 당신이 무얼 어떻게 도와줄 수 있는지 말해달라고. 그러자 어떤 재무 상담사가 고백했다. 본인도 말하면서 맘이 불편했는데 이렇게 자기가 해줄 수 있는 걸 얘기할 수 있어 훨씬 보람차다고 했다. 얼마 뒤 그분은 영업 방식을 바꾸고 실적이 좋아졌다며 선물을 들고 찾아오셨다. 나 역시 강요받지 않으니 결정이 즐거웠다.

악의를 가지고 접근하는 사람에게는 공감이나 감사가 필요 없다. 앞뒤 보지 말고 단호하게 거절해야 한다. 내가 누구보다 걱정하고 지켜야 하는 사람은 바로 나니까.

문득 궁금하다. 내게 영어 교재를 팔았던 그 언니들은 어디서 무얼 하며 있을지. 잘살고 있을까? 그날로 돌아가 웃으면서 가볍게 이렇게 이야기하는 나를 상상한다.

"영어 공부 미리 해두면 참 좋죠. 중요한 걸 일깨워주셔서 고맙습니다. 하지만 이 교재는 비용도 부담되고, 제 공부 스타일과도 맞지 않아요. 서점에 가서 마음에 드는 단행본 교재를 찾아볼게요. '선배님들' 수고하세요. 입학해서 뵈어요."

거절 듣기

당하지 말고 들어보세요

시험에 합격해 PD로 입사할 거란 내 말에 아버진 이렇게 물으셨다.

"기계는 엔지니어가 조작하고, 말은 아나운서가 하고, 원고는 작가가 쓸 테고. PD는 뭘 하는 거냐?"

당시엔 마땅한 대답이 떠오르지 않아 우물쭈물했다. 일을 해보기 전이고, 틀린 말이 없었다. 만약 같은 질문을 지금 다시 받는다면 어떻게 답할지 생각해본다. 아마도 이렇게 말할 것이다.

"PD는 각각의 역할을 이해하고 방향을 정해서 제때 '부탁'하는 직업이에요."

'부탁'은 PD에게 필수 능력이다. 생방송 중에 마이크를 켤 때마다 주는 큐 사인도 부탁이고, 방송 전에 원고 수정을 하는 것도 부탁이며, 진행자와 수시로 톤과 내용에 대한 조율을 하는 것도 부탁이다. 적절한 대상에게 적절한 방법으로 적절한 시기에 부탁하는 것이 일의 전부라 해도 과언이 아니다.

부탁하고 설득하고 거절당하는 일이 일상이지만 여전히 거절당하면 아프다. 특히 섭외할 때가 그렇다. 이른바 '카드'가 없으면 거절을 들을 확률도 높다. 매일 아침 7시에 시작하는 〈럭키세븐〉이란 프로그램을 론칭할 때도 그랬다. 방송되는 채널의 인지도가 낮고 신규 프로그램이었던지라 바닥부터 시작한다는 마음으로 덤벼야 했다. 게다가 매일 새벽 출근을 해야 하는 고된 자리라 나서는 사람이 없었다.

비폭력대화는 '진정한 부탁이라면 상대가 들어주든 거절하든 똑같이 받아들일 수 있어야 한다'고 말했지만 내겐 쉽지 않았다. 예닐곱 명에게 거절을 듣자 '이 채널이, 이 프로그램이 만만한가?'로 시작해 '내가 지금껏 뭘 하며 산 거지? 같이 프로그램 할 사람 하나 구할 능력이 없나?'라는 생각까지 들었다.

내가 아닌
지금 이 제안에 대한 거절일 뿐

거절이 '나'에 대한 거절이라고 생각하면 힘들다. 오해하지 말아야 할 것은, 상대는 내 존재 자체를 거부한 것이 아니라 지금 내가 한 '제안'을 거절한 것이다. 다시 말해 단지 '지금'의 제안을 거절했을 뿐이다. 상황이 지금보다 나았거나 조건과 시기가 달랐다면 대답은 달랐을지도 모른다. 또, 나는 부탁하기 위해 오래 고민하고 준비했지만 거절하는 상대는 '방금 처음' 내 부탁을 들었다.

이 과정을 거치면 무겁고 쓰라렸던 마음이 조금이나마 담백하고 가벼워진다. 완전히 망했다는 OFF 상태에서 다시 ON 버튼으로 손이 간다. 왜 거절하는지 물어보고, 필요하다면 시기나 조건을 조율할 여유가 생긴다.

그래도 거절을 듣는 순간은 아프다. 그때의 나에게 공감해줘야 마음이 곪지 않는다. 상대의 거절을 들었을 때 내 느낌은 어떤지, 어떤 욕구가 충족되고 또 좌절되었는지 살핀다. 섭외 요청을 거절당하면 속상하고 서운하다. 나의 안목이 인정받고, 내 선택이 수용되면 좋겠다. 능력 있고 새로운 사람과 일하면서 프로그램도, 나도, 진행자도 성장하길 원한다. 그러면 활기가 넘칠 것 같다. 출근길 혹은 긴 야근 후의 퇴근길을 즐겁게 만들어줄 누군가를 찾아보자. 유익하면서도 듣는 사람들이 기운 나는 재밌는 프로그램을 같이 만들자. 얼마나 보람차고 신날까? 어깨도 펴지고, 톤도 높아진다.

이렇게 자기 공감을 충분히 한 다음 다시 섭외 전화를 걸었다. '내가 능력이 없나?'라고 잔뜩 움츠러들었을 때보다 목소리부터 단단했다. 거절당할 것 같아서 애초에 시도해보지 않은 사람까지 다시 목록에 넣었다. 그 결과 〈럭키세븐〉에 딱 맞는 진행자 조충현 아나운서를 만났다.

그의 퇴사로 방송 1주년을 눈앞에 두고 진행자가 바뀌었지만, 하는 동안만큼은 처음 섭외했을 때의 마음으로 임한 덕분에 매일이 신나고 보람차고 재밌었다. 애초에 거절에 발목이 잡혔다면 제날짜에 론칭하기 힘들었을 것이다.

마지막으로 팁을 하나 더 전한다. 이 글의 제목처럼 '거절당했다'를 '거절 듣기'로 바꾸어보자. 거절을 '당했다'는 표현은 피동태다. 또 거절 '당했다'는 말로 은연중에 거절한 사람을 비난하고, 거절당한 내 처지를 안쓰럽게 여기게 된다. 비극적인 상상이 줄줄이 이어지기 쉽다.

나는 그가 한 거절을 들었을 뿐이다. 이렇게 '거절을 들었다'고 능동태로 바꾸는 것만으로 마음의 온도가 달라진다. 내가 들은 말을 관찰로 바꾸고 느낌과 욕구를 찾을 힘이 생긴다. 거절 안에 담긴 상대의 욕구도 읽을 수 있다. 거절당하지 말고 거절을 잘 들어보자.

침묵과 경청

언제 말하고,
언제 어떻게 들어야 할까?

대화하다 보면 언제 말하고 언제 들어야 할지 늘 어려웠다. 그래서 그냥 잠자코 들었다. 듣다가 상대방이 왜 그런 이야기를 하는지 따라가지 못해 영혼 없이 고개만 끄덕인 적도 많다. 이렇게 듣는 척(?)만 해도 대화를 잘한다는 평가가 돌아왔다.

'침묵'과 '경청'에 대해 고민하는 사람이 많은지 사연이 꾸준히 날아들었다. 대화가 끊겨서 고민, 상대방이 속 얘기를 하지 않아서 고민, 한 사람이 말을 쉬지 않고 해서 고민, 상대의 이야기를 일방적으로 들어줘야 해서 고민, 대화의 기본은 경청이라는데 어떻게 듣는 게 경청인지 모르겠다는 고민.

침묵을 견디기 못하겠다면

대화하다 모두가 침묵하면 어색해진다. 대화법을 공부하기 전까진 침묵을 '정리하라'는 사인으로 여겼다. 그래서 침묵이 이어지면 시계를 들여다보고 "어머, 시간이 벌써 이렇게 됐네?" 하면서 자리를 마무리했다. 반대로 어떻게든 침묵을 깨려고 너스레를 떠는 사람도 보았다.

침묵은 대화를 마치라는 사인이나 어색한 일이 아니라 소중한 기회다. 쉼 없이 흘러가던 대화가 잠시 멈췄을 때 비로소 서로의 느낌과 욕구를 알아차릴 여유가 생긴다. 침묵이 흐르는 동안 나와 상대의 느낌과 욕구를 읽으면 놓칠 뻔한 중요한 질문이 떠오르기도 한다. 정 불편하면 "조용하니까 어색하네요"라며 그 순간의 느낌을 자연스럽게 표현해도 좋다.

상대방이 속 얘기를 하지 않아서 불편하다면

내가 마치 사연 속 상대방 같았다. 몇 년 전 친구로부터 "넌 왜 네 얘길 안 해?"라는 질문을 받은 적이 있기 때문이다. 그 질문을 받고서야 내가 속 얘기를 안 한다는 사실을 알아챘다.

왜인지 생각해보니 꽤 이유가 많았다. 말하는 데 에너지가 쓰여서 듣고 있는 게 편했다. 활발하고 감정이 풍부한 친구들의 이야기를 듣는 것만으로 만족했다.

대화법을 공부하며 들여다보니 '말해서 뭐 하겠어'라는 체념이 깔려 있었다. 충분히 공감 받은 경험이 부족해서 대화에 큰 기대가 없었던 것이다. 한동안 친구뿐 아니라 누구에게도 내 얘기를 별로 꺼내지 않았다. 공감을 기대했다가 실망할까봐 두렵고, 공감을 바라는 것이 상대에게 부담을 주는 것이라고 생각했다. 누구나 각자의 짐을 지고 살아가는데, 누군가에게 내 고민을 털어놓으면 내 짐의 무게까지 더하는 것 같았다.

특정하고 지속적인 침묵은 관심이 필요하다. 침묵하는 사람이 대화 상황을 충분히 편안하게 느끼는지, 그 침묵이 왜 유달리 신경 쓰이는지 살펴본다. 서로를 못 믿어서인가 의심스러워 괴롭다면 끙끙대기보다 불편함과 연결되고 싶은 마음을 표현해보자. "너와 편안하게 대화하고 싶은데 별말을 하지 않으니 걱정되네. 나는 네 얘기에 관심이 있어. 내 얘길 들으니 어때?"라고 말이다.

친구의 질문을 다시 떠올려본다. "네 마음이 궁금해. 나한테는 기대도 돼. 나 여기 있어"라며 어깨를 내어주는 것 같다. 조금 늦었지만 당시에는 표현하지 못한 내 마음을 이제라도 전하고 싶다. "내 과묵함은 내 문제야. 성격도 아니고, 너를 믿지 못해서도 아니야. 과거에 기대가 무너져 생긴 습관이야. 그간 많이 서운했지? 손 내밀어줘서 고마워"라고.

한 사람이 쉬지 않고 말해서 짜증난다면

누군가 쉬지 않고 이야기하면 대화는 허무해진다. 팟캐스트 〈대화만점〉의 '혼자만 계속 말하는 사람, 공감해줘야 하나요?' 편에서 비폭력대화 전문가 이윤정 선생님은 이렇게 말했다.

"사람들은 자기가 원하는 것을 몰라서 '말을 위한 말'을 할 때가 있어요. 공감 받지 못한다고 느낄 때도 공허함 때문에 계속 이야기하게 됩니다. 말을 하는 사람도 헛헛하고, 듣는 사람도 헛헛하죠. 말이 꼬일 때는 본인이 굉장히 지쳐 있을 때라고 알아차리면 됩니다. 자기 자신과 연결될 틈이 없는 거예요. 내 느낌을 알아차리고 원하는 것을 알면 심플하게 표현할 수 있어요. 내가 아무 말이나 계속한다거나 누군가 그러고 있다면 공감이 필요한 상태라고 보시면 돼요."

난 어떤 말이든 계속하는 사람을 보면 그 사람이 외향적이고 에너지가 넘치기 때문이라고 생각했다. 그런데 그게 실은 지쳐 있고 자신과 연결되지 못해서라니 의외였다. 누군가 쉬지 않고 말한다면 혹시 공감이 필요한 게 아닌지 살펴보자. 물론 공감은 선택이므로 내가 그럴 의지와 여유가 있을 때만.

상대의 이야기를 일방적으로 들어줘야 해서 괴롭다면

대부분의 대화법 책이 '대화를 잘하려면 경청이 우선'이라는 원칙을 강조한다. 하지만 말하는 사람과 듣는 사람의 권력이나 감정 관계가 어느 한쪽으로 쏠려 있다면 이 원칙은 적용되기 어렵다. 더구나 누군가의 말을 들으며 '괴롭다'면 그 듣기는 상대의 감정 배설을 받아주는 행위에 지나지 않는다. 오래된 친구, 직장 상사, 사랑하는 부모님, 하나뿐인 애인, 자녀와 배우자……. 아무리 가깝고 중요한 사람이라도 나에게 감정 노동을 강요할 순 없다.

누군가가 지속적이고 일방적으로 공감을 요구한다면 그 대화는 단호하게 멈춰야 한다. 그런 의미에서 '경청'도 선택이다. 대화에 참여하는 모두가 말하는 것도, 듣는 것도 선택할 수 있어야 성숙하고 평화로운 대화다.

대화를 당장 멈추기 어렵다면 이야기를 들어준 뒤의 나를 우선 돌보자. 어떤 느낌이 드는지, 좌절된 욕구는 무엇인지. 반대로 상대의 이야기를 일방적으로 들어주면서 충족되는 욕구는 무엇인지, 그 욕구를 다른 방법으로 충족시킬 순 없을지. 그렇게 돌봄을 받아 힘이 생긴 나는 스스로 감정 쓰레기통으로 만들지 않는다.

어떻게 듣는 게 경청인지 모르겠다면

비폭력대화는 상대의 느낌과 욕구를 찾아가며 듣기를 권한다. 많은 이들이 느낌보다는 생각과 평가, 욕구보다는 수단과 방법을 말하기 때문에 그것을 느낌과 욕구로 바꾸어 듣는 데는 에너지가 필요하다. 그래서 진짜 경청은 생각보다 만만치 않다. 하지만 가치 있다. 서로 제대로 경청하며 대화를 나누면 말하는 사람과 듣는 사람이 깊이 연결되고 모두가 행복해진다. 몸과 마음이 따뜻해지면서 깊은 만족감과 풍요로움이 찾아온다. 잘 들었는지는 대화가 끝난 다음 몸과 마음의 상태를 살펴보면 알 수 있다.

경청에 앞서 자기 공감은 필수다. 자기 공감이 충분히 이루어지지 않은 채 상대의 말을 듣는 것은 불가능에 가깝다. 대화에 들어가기 전에 내가 원하는 것이 무엇인지, 지금 나의 느낌은 어떤지 알아차리자. 이 과정을 거친 뒤 상대의 느낌과 욕구에 집중해서 나누는 대화는 별 준비 없이 하는 대화와 질적으로 완전히 다르다.

반영과 연결 부탁

진심을 담아

대화법 책에 거의 빠지지 않고 등장하는 팁이 있다.

'상대의 말을 반영paraphrasing하라.'

'paraphrasing'을 바꾸어 말하기나 재정리 등으로 해석하는 저자나 강사도 있다. 단어에 대한 우리말 해석은 다양하지만 방법은 비슷하다. 상대의 말을 그대로 반복하거나 요약해서 다시 들려주라는 것이다.

그런데 이 팁을 어설프게 따랐다가 당황스러웠던 적이 많다. "지금 장난해?"라며 대놓고 거부감을 표현한 사람도 있고, "요즘 심리학이라도 배우세요?"라고 불편함을 드러낸 사람도 있었다. 내용을 기억하느라 왠지 경직되었던 모양이다.

돌아보니 나는 반영할 때 상대의 말에 전혀 닿지 않았다. 평소보다 조금 더 귀를 기울이긴 했지만 마음이 아닌 머리로 들었다. 정보를 반복해서 나열하는 나조차 '내가 지금 뭐 하는 짓이지?' 싶었으니 듣는 사람은 오죽했을까. 상대의 말에 동의하기 어려워서 나도 모르게 말꼬리가 올라간 적도 많다. 비꼬는 듯한 뉘앙스를 상대는 바로 알아차렸다.

'반영'은 중요하고 쓸모 있다. 상대의 말을 확인하면 오해로 낭비될 시간을 줄여준다. 하지만 '대화 기술'로서의 반영은 한계가 있다. 반영을 통해 '잘 들어준다'고 느끼게 해서 인정받고 싶은 건 아닌지, 일단 들어주지만 결국 내가 원하는 쪽으로 상대의 행동이나 결론을 조종하려는 건 아닌지 살펴야 한다.

내가 상대방의 이야기를 진심으로 듣고자 할 때만 반영한다. 그리고 반영 전에 나의 욕구를 먼저 표현하면 대화가 한결 부드러워진다. 가령 이렇게 말이다.

"내가 잘 듣고 있는지 확인하고 싶어서 네 이야기를 되짚어보려고 해."

"우리의 소중한 시간과 에너지를 효율적으로 쓰기 위해 내가 들은 걸 다시 말해볼게."

"당신과 잘 연결되고 싶어서 들은 대로 말해보려는데 괜찮아?"

비폭력대화를 배운 뒤로 나는 상대의 말을 그대로 옮기거나 정리하는 반영에 그치지 않고 상대의 느낌과 욕구를 추측하게 되었다.

어느 날, 친구가 병원에 입원했던 이야기를 들려줬다. 어떤 의사가 뭐라고 했고, 또 다른 의사는 뭐라 했으며, 검사 결과는 어땠고, 다시 한 검사 결과는 어땠고. 그런데 간호사는 나한테 이렇게 대했고……. 친구를 힘들게 한 경험과 말이 삼십 분 넘도록 쏟아졌다.

예전이라면 반영하겠다며 "그러니까 의사 A가 이렇게 말하고, 의사 B는 이렇게 말하고, 간호사 A는 그랬단 말이지?"라고 반복했을 것이다. 내 경험이나 판단과 평가보다는 낫지만 대화의 질은 크게 다르지 않다. 오히려 반영한 내 이야기에 친구는 힘들었던 기억이 다시 떠올라 애써 눌러놓은 상처가 더 깊어질 수 있다. 비슷한 경험을 나누며 동조하는 대화가 당시엔 공감 같아도 돌아서면 무거운 이유가 여기 있다.

친구가 원하는 것을 스스로 찾을 수 있도록 당시 느낌을 물어보고, 그 느낌이 어떤 욕구에 뿌리를 두고 있을지 함께 더듬어본다. "많이 힘들었겠네. 서글프고 외롭진 않았어? 좀 더 배려 받고 편안하게 치료하고 싶었겠다. 너를 존중해주고 과정을 잘 설명해줘서 이해시키는 의사를 만나고 싶다는 거지?"

이때 내가 추측한 느낌이나 욕구가 상대의 느낌이나 욕구와 일치하지 않아도 괜찮다. 공감은 정답 맞히기 게임이 아니다. 함께 머무는 것으로 충분하다.

한 걸음 더,
연결 부탁

상대에게 공감하며 대화를 이어나가는 데 반영 못지않게 유용한 표현이 있다. 바로 '연결 부탁'이다. 앞서 비폭력대화의 네 단계에서 다룬 '부탁'은 주로 '행동 부탁'이었다. 욕구를 기반으로 상대에게 내가 원하는 것을 요청하는 과정이다.

'연결 부탁'은 내 표현을 들은 상대의 느낌을 묻고, 대화가 잘 진행되고 있는지를 확인하는 부탁이다. 비폭력대화의 목적인 '질적인 연결'을 실현하는 중요한 과정이기도 하다. 실제 표현으로 옮기면 이렇다.

"내 이야기를 들으니 어떤 느낌이 들어?"
"내가 방금 한 말을 어떻게 들었는지 이야기해줄 수 있어?"

그런데 이 질문을 들은 많은 사람들이 불편해한다. 경험상 순순히 본인의 느낌이나 들은 바를 이야기한 사람은 거의 없었다. 자주 들어본 질문이 아니라서 낯설기 때문이다. 상대방은 들은 것을 왜 굳이 되풀이해서 말하라는 건지 의아하고, 잘 듣고 있는지 의심받는 것 같아 불쾌하다. 그래서 이런 반응을 보이기도 한다.(내가 실제로 들은 이야기들이다.)

"말장난하니? 내가 그것도 못 알아들을 것 같아?"

"내가 귀머거리도 아니고, 어디 가서 이상한 거 배워와서 지금 나한테 써보는 거야?"

행동 부탁이 그랬듯 부탁은 하는 사람의 몫이지만 그 부탁을 들어줄지 말지는 상대방의 선택이다. 이런 표현 방식을 원치 않는 상대의 마음을 알아줄 필요가 있다.

"느낌을 물어보니 당황스러웠어?"

"들은 대로 이야기해달라는 부탁이 불편했나보구나."

대뜸 연결 부탁을 하기보다 왜 이 부탁을 하는지, 무엇을 원하는지 설명해주면 도움이 된다.

"우리가 서로의 이야기를 잘 이해하고 있는지 확인하고 싶어서 그래."

"내 이야기가 잘 전달되었는지 궁금해서 말이야."

어렵게 이 단계를 넘어서 상대가 자신의 느낌이나 들은 바를 이야기해주었다고 치자. 이때 다시 한 번 벽에 부딪힌다. 내가 한 말은 그게 아닌데 멋대로 들은 경우가 많기 때문이다. 이런 생각이 들지도 모르겠다.

"내 말을 제대로 듣지 않았구나. 지금까지 뭐 한 거지?"
"그게 아니야! 제대로 이해를 못했네."

이 생각을 그대로 말했다간 연결은커녕 대화가 파국으로 치닫는다. 서로 연결되고, 제대로 이해하겠다는 욕구를 꽉 붙잡고 그것을 표현해보자.

"네가 들은 것을 말해줘서 고마워. 그런데 내가 내 뜻을 정확하게 전달하지 못한 것 같아서 말야. 다시 한 번 이야기해볼게."

뭘 이렇게까지 하나 싶고, 어색하고 지난해 보인다면 "내 이야기를 들으니 어때?" 하나만 기억하자. 이 질문 하나로 일방향이었던 대화가 양방향으로 시원하게 뚫린다. 대화의 차원이 바뀌고, 사람 사이의 거리가 놀랍도록 줄어든다.

하지만

'하지만' 을 쓰지 않으면 대화가 힘들어

대화 중에 제일 어려운 대화는 연애 고민 들어주기가 아닐까 싶다. 그중에서도 '결국엔 자기 마음대로 하는 친구'의 이야기를 듣고 있으면 금세 지친다. 헤어지지 말라고 조언하면 "넌 잘 몰라. 그 사람이 얼마나 날 힘들게 하는지"라며 서운해하고, "헤어져, 헤어져. 그 사람은 진짜 아닌 것 같아!"라고 친구 편을 들어주면 웬걸 "그 사람, 그렇게 나쁜 사람은 아니야"라고 입장을 바꾼다.

내게도 그런 친구가 있다. 친구는 만나는 사람마다 처음에는 '너무' 좋다가 삼 개월 정도 지나면 어김없이 고민을 시작한다. 친구의 SNS에 연인과의 백일 파티 사진이 게시된 그날도 역시나 전화가 왔다.

나: 어제 백일이었다며! 축하해.

친구: 말도 마. 나 그 사람이랑 계속 만나야 할지 모르겠어. (다툰 이야기 한참)

나: 그랬구나. 이번에 다투긴 했지만 서로 호감이 있잖아.

친구: '하지만' 자꾸 같은 일로 싸움이 반복되니 이대로 괜찮은지 잘 모르겠어.

나: 애인이랑 이야기 나눠봤어? 이번에 말해보는 건 어때?

친구: '그치만' 이 문제를 이야기했다 헤어지게 되면 어쩌지?

나: 아, 헤어지고 싶진 않구나.

친구: '하지만' 계속 만나도 될지 의심스러워. 지난 백일 동안 거의 매일 싸운 것 같아. 지긋지긋해

나: (그러면서 왜 계속 만나니. 나야말로 지긋지긋하다)

이쯤 되면 '뭘 어쩌자는 거지?'라는 생각이 들면서 피곤해진다. 대화 자체가 시간 낭비라는 생각도 든다. 그러는 한편 친구 마음이 이해된다. 나도 대화법을 배우기 전까지 '하지만'을 무척 자주 썼기 때문이다. 입술에 '하지만'이 똬리를 틀고 있다가 이해받지 못해 억울하거나 나와 생각이 다른 상대를 만났다 싶으면 기다렸다는 듯 스프링처럼 튀어 나갔다. 대화가 마치 '하지만' 네트를 경계로 공격과 방어를 주고받는 탁구 경기 같았다. 정작 진짜 하고 싶은 말은 나누지 못하고 지쳤다.

'하지만'이 금기어는 아니다. 반론해야 할 때는 해야 한다. 하지만 너무 자주 하니 매사 시비 거는 사람처럼 보일까 걱정됐다. 고치고 싶었다.

처음 했던 노력은 그 말이 입 밖으로 나오려고 할 때마다 꾹 참는 거였다. 하지만, '하지만'을 하지 않으려고 신경 쓰느라 대화에 집중하기 힘들었다. 혼자 의식하는 것만으로는 부족해서 가까운 사람에게 부탁했다. 대화 중에 내가 '하지만' 쓰면 알려달라고. 하지만, 가까운 사람들이 도와주는 것도 한계가 있었다.

"방금 '하지만'이라는 말을 여덟 번이나 썼어."

"하지만, '하지만'을 쓰지 않으면 이야기를 하기가 힘들어."

'하지만'이 보내는 신호

비폭력대화를 배우며 '하지만'의 순기능을 찾았다. '하지만'은 욕구가 충족되지 않았을 때의 느낌처럼 어떤 욕구가 좌절되었는지 알려주는 열쇳말이다. 그래서 지금의 내 느낌과 욕구를 살펴보면 억울하지 않게 '하지만'을 줄일 수 있다. 무조건 '하지만'을 참기보다 왜 내가 '하지만'이라고 말하고 싶은지 마음을 알아주는 게 우선이다.

상대의 '하지만'도 마찬가지다. 상대의 잘못이 보여 지적하고 싶어도 참자. 무조건 편들어주고 싶어도 참자. 좋은 해결책이 있어 알려주고 싶어도 참자. 상대가 먼저 묻고 스스로 선택하기 전까진 지적도, 응원도, 해결책도 별 소용이 없다.

상대의 느낌과 욕구를 찾아 공감해주면 '하지만'이 잦아든다. 그 후에 문제점과 해결책을 물어올지도 모른다. 친구가 다시 전화를 걸어온다면 이렇게 이야기 나누고 싶다.

나: 어제 백일이었다며! 축하해.

친구: 말도 마. 나 그 사람이랑 계속 만나야 할지 모르겠어. (다툰 이야기 한참)

나: (친구의 느낌을 추측하며) 지금 혼란스러워?

친구: 응, 자꾸 같은 일로 싸워. 이대로 괜찮은지 잘 모르겠어.

나: (친구의 느낌과 욕구를 물어주며) 답답해? 반복되는 갈등을 시원하게 풀고 편안해지고 싶어?

친구: 그렇지. (잠시 고요) 이 문제를 이야기했다 헤어지게 되면 어쩌지?

나: 문제를 잘 다루지 못해서 관계가 깨질까봐 걱정되고 불안한 거구나.

친구: 맞아. 난 맘에 들지 않는 게 있으면 참는데, 그게 문제인 것 같아.

나: 그 사람과 있을 때 안전하게 네 마음을 표현하고 싶구나.

친구: 그런 것 같아. 어떻게 하면 좋을까?

칭찬

고래도 춤추게 한다는 칭찬인데

날카롭게 말하기로 유명한 선배가 있다. 이 선배는 워낙 똑똑해서 핵심을 간파하고 맞는 말만 골라 한다. 다만 같은 말도 묘하게 마음을 상하게 하는 재주가 있다. 친해지면서 선배의 진심과 말하는 스타일을 이해하게 됐지만 선배를 처음 보는 사람은 쉽게 가까워지기 어렵다.

그 선배가 결혼하고 얼마지 않아 자녀를 낳았다. 아이가 말문이 트인 즈음부터 SNS에 육아 에피소드를 올렸다. 주로 본인이 아이에게 준 말 상처를 반성하는 글이었다. 육아서도 열심히 읽는 모양이었다. 거의 매주 몇몇 인상적인 구절에 자기 잘못을 덧붙인 글이 올라왔다.

어느 날, 선배의 다섯 살배기 아이가 유치원에서 그린 그림을 내밀었다고 한다. 선배가 보기엔 뭘 그렸는지 모르겠고, 부모가 모두 미술에 재능이 없어서인지 '너도 그림은 꽝이구나'라는 생각이 들었단다. 그때 책에서 읽은 내용이 떠올랐다. '비난이나 평가 대신 긍정적인 언어로 칭찬하라. 그래야 아이들이 의욕을 잃지 않고 또 도전한다.' 선배는 진심을 뒤로하고 애써 잘 그렸다고 칭찬했다. 이 말을 들은 아이는 잠시 조용하더니 이내 먹먹한 표정으로 말했다고 한다.

"엄마, 칭찬을 받았는데…… 기분이 이상해요."

아직 아이는 자기 기분을 표현하는 데 서툴다. 그래서 불편하다거나 혼란스럽다는 단어 대신 '이상하다'고 말할 수밖에 없었다. 하지만 아이는 느꼈다. 선배의 칭찬이 진심인지 아닌지, 의도가 있는지 없는지. 어린아이도, 아니 어린아이라서 더더욱 몸과 마음으로 알아챘다.

칭찬을 듣고
마냥 기뻤던 기억이 있나요?

어린 시절, 나도 선배의 아이처럼 칭찬을 듣고 그다지 행복하지 않았다. 부모님이나 선생님들이 해준 칭찬은 대부분 비교나 평가였다. 누구보다 잘했다거나 몇 등을 했으니 잘했다는 식으로 남을 이기거나 무언가를 성취했을 때 칭찬받았다. 그 뒤엔 내가 더 열심히 하게 만들고 나의 선심을 사려는 의도가 숨어 있었다. 칭찬에 목적이 있음을 알고 난 뒤로 그 말이 곧이곧대로 들리지 않았다.

어른이 된 뒤에도 칭찬이 마냥 달갑지만은 않다. "진희 씨가 일 잘하는 거야 누구나 알지. 그래서 말인데……"라는 칭찬 뒤에는 지시나 부탁이 따라올 때가 많다. 혹은 "근데"라면서 칭찬의 서너 배에 해당하는 지적이 이어진다.

칭찬이 무언가를 얻어내려는 의도이거나 비판을 위한 사전 작업임을 눈치 채는 순간부터 그것이 기쁘지도, 감사하지도 않다. '그러면 그렇지' 싶어 얼굴이 굳어진다. "그런가요? 고맙습니다. (알았으니까 본론으로 들어가시죠.)"라고 자동 반응한다.

거짓 칭찬을 듣는 것쯤이야 사회생활의 일부라 치자. 진심으로 칭찬하고 싶을 때도 있잖은가. 이럴 땐 어떻게 해야 할지 모르겠다. 고기도 먹어본 사람이 맛을 안다고 진심 어린 칭찬을 들어본 경험이 있어야 흉내라도 낼 테니 말이다.

비폭력대화는 평가나 의도를 빼고 상대의 행동이나 말에 대해 구체적으로 칭찬하길 권한다. 칭찬하게 된 이유를 관찰로 서술하고 거기에 대한 느낌을 덧붙인다. 상대의 행동이나 말로 나의 어떤 욕구가 충족되었는지를 함께 말해도 좋겠다. 이렇게 하니 감탄이 순수해지고, 격려에 진심이 깃든다.

가족이나 스태프를 칭찬할 때 실천해 보았다. 일단 바라는 게 없을 때 칭찬한다. 부탁이나 지시를 해야 할 때는 그냥 본론부터 시작했다. 칭찬할 때 평가가 섞였는지, 빈말로 들리진 않을지 다듬고 또 다듬는다. 감사를 꼭 덧붙인다. 다들 나처럼 이유가 있는 칭찬을 들어와서인지 내가 이야기를 마치면 '끝인가? 뭘 부탁하거나 지적하려는 게 아니고?' 하는 표정을 짓는다. 그러다 이내 표정이 밝아진다. 다음엔 더 기쁘게 자발적으로 움직인다.

언젠가 아이가 내게 그림을 보여주는 순간을 떠올린다. 잔뜩 칭찬받길 기대하는 눈빛으로 나를 바라보겠지. 내가 어설프게 칭찬해서 아이 기분이 이상해지면 안 될 텐데 뭐라고 말하면 좋을까?

잘 그렸다는 평가 대신 그림을 그리는 네가 얼마나 빛났는지 이야기해주고 싶다. 집중하느라 입술은 오물거렸고, 팔과 손가락은 꾹꾹 신중하게 혹은 가볍고 과감하게 움직였다고. 무얼 표현하고 싶었는지, 그리는 동안 어떤 기분이 들었는지 물어봐야지. 완성하느라 애썼다고, 네 그림을 보며 함께 이야기 나눌 수 있어 기쁘다고.

상상만 해도 가슴이 벅차오르고 생동감이 넘친다. 진심 어린 칭찬은 상대를 춤추게 하기 전에 나를 숨 쉬게 하는 선물이다.

감사

정말 고마운데 표현할 방법을 모르겠어

어버이날, 스승의 날, 부부의 날. 마음을 표현하라고 만들어진 날이 있다. 이 중 어버이날은 어떻게 감사를 전할지, 무슨 선물을 드릴지 매년 고민하게 된다.

예전엔 아빠에게 꽤 값나가는 외출용 옷을 선물했다. 나도 안다. 아버진 야외에서 땀 흘려 일한다. 그런 옷을 입으실 일이 별로 없다. 바람이 잘 통하는 주머니 많이 달린 기능성 조끼가 더 유용하다. 내 선물은 아빠가 번듯한 자리에 가야 할 때 초라해 보이면 어쩌나 하는 노파심, 그리고 아빠가 덜 고생하고 근사하게 살았으면 하는 바람이 보태진 결과다. 받는 사람을 생각한 선물이라기보다 내가 주고 싶은 선물이다. 그런 선물은 해가 넘도록 그대로다. 그렇다 보니 포장을 뜯지 않는 해도 있다. 받는 아빠의 표정도 시큰둥하다.

그렇다고 아빠가 좋아하는 걸 선물하긴 싫다. 아버진 주말마다 외딴 곳으로 낚시를 간다. 밤샘도 흔하다. 낚시용품이나 기능성 의류가 필요하다는 걸 안다. 하지만 가족과 자꾸 따로 시간을 보내는 게 못마땅하다. 이러다 얼마지 않아 〈나는 자연인이다〉에서 아버질 보게 되는 건 아닌가 싶다. 오랜만에 집에 가면 "왔냐?" 한마디 하고선 낚시 채널로 눈을 돌리시는 것도 싫다. 볼 때마다 똑같은 장면(바다든 강이든 어쨌든 물가에서 레포츠용 선글라스를 낀 중년 남자가 미끌미끌한 고기를 들고 기뻐하는 모습)인데 뭐 그리 재미있다고.

물론 날 낳고 키워주신 아빠에게 감사하다. 그래도 맘에 안 드는 것은 안 드는 거다. 내 맘에 안 드는 점과 상대의 문제(라고 내가 판단하는 것)에 집중하니 선물을 고르기 어려웠다. 상대를 바꾸고 싶은 의도가 선물에 담기면 받는 사람이 귀신같이 알아챈다. 원치 않는 다이어트 식품이나 '뭐 고치는 법'이란 제목의 자기계발서 선물이 그렇다. 받는 사람이 기쁠 리 없다.

감사를 표할 때도 선물을 고를 때만큼 여러 생각이 가로막았다. 어설프게 말했다가 오글거릴까봐 두려웠다. 난 성격이 무뚝뚝하니까, 해도 어색할 거라고 지레 겁먹었다. 마음이 제대로 전해지지 않고 의도가 있다거나 말만 앞선다는 오해를 받을까 두렵기도 했다. 사랑한다느니 감사하다느니 백 번 말하는 것보다 용돈을 넉넉히 드린다거나 평소에 잘하는 게 낫다는 생각도 들었다. 무엇보다 '지내온 세월이 얼만데, 말하지 않아도 알겠지'라는 생각 뒤에 숨었다. 이건 아빠가 마음을 표현하지 않으며 늘어놓으셨던 변명이기도 하다. 그래서 늘 "키워주셔서 감사합니다"라는 말 외에 딱히 할 말이 없었다. 키워주신 것은 사실이니까.

우리 가족은 마음을 전할 기회를 숱하게 놓치고 살았다. 이 사실을 인정하고 나니 무척 슬펐다. 가슴이 아릿할 정도의 슬픔이었다. 감사는 거래가 아니다. 많이 한다고 손해 보지 않는다. 온전히 함께 기쁨을 나누고 감사해본 게 언젠가 싶었다.

비폭력대화를 배운 뒤 수업에서 배운 대로 표현해보기로 했다. 상대가 나의 행복에 기여한 바를 관찰해서 구체적으로 서술하고, 그로 인해 충족된 나의 욕구와 그 느낌을 덧붙인다.

아빠, 사십 년 가까이 가족을 위해 일해주셔서 감사해요. 진학이며 취업 같은 중요한 시기마다 제 결정을 지지해주셔서 고마워요. 그 순간들을 떠올리면 지금도 따뜻하고 든든해요.

이렇게 카드에 적고 나니 답답하고 불편한 감정 대신 안쓰러움이 밀려왔다. 자신이 원하는 것보다 가족의 든든한 뒷배가 되기 위해 희생해온 한 남자가 있다. 중년을 넘어 노년을 맞이한 그는, 어느새 꽤 약해진 것 같다. 외로워 보이기도 한다. 그렇게 싫었던 그의 취미, 낚시가 사뭇 다르게 느껴진다. 낚시는 일밖에 모르며 가정을 지켜온 아빠의 유일한 여가 생활이다. 큰돈 쓰지 않으면서 한가한 물가에서 자기 자신과 만나는 소중한 시간이다. 존중해드리고 싶다. 낚시에 대해 잘 모르니 직접 낚시용품을 살 순 없고, 약간의 현금과 낚시 잡지를 준비했다.

얼마 뒤, 아빠가 새로 산 찌와 낚싯대 사진을 보내오셨다. 어쩐 일로 웃는 이모티콘까지 붙이셨다. 엄마 말로는 아빠가 갑자기 포스트잇을 찾으셨단다. 낚시 경력이 수십 년인 아빠에겐 잡지에 나오는 내용이 조금도 새롭지 않으실 텐데, 페이지마다 빼곡하게 포스트잇을 붙여가며 읽으셨단다. 딸이 선물해준 거라며 몇 번이나 반복해서.

단절

싫은 사람은 보지 않고 살면 안 될까?

손절損切.

가지고 있는 주식의 가격 하락이 예상되면 손해를 감수하고 파는 일을 말한다. 재테크 책에나 등장할 법한 이 단어가 요즘은 관계에서도 흔히 쓰인다. "나 개랑 손절했잖아" 하는 식이다.

사람 사이의 관계를 득과 실로 따지는 것 같아 씁쓸하면서도 '이런 유형은 반드시 손절하세요' 같은 제목의 글을 읽어 보면 충분히 이해가 된다. 관계가 나를 고통스럽게 한다면 거기서 벗어나려는 것은 어쩌면 당연한 수순이다. 예전에는 관계를 끊는다는 의미에서 절교를 썼다면 손절은 도무지 앞으로 나아질 기미가 보이지 않는다는 암담함까지 겹쳐 있다.

관계를 끊는 일은 아프고 어렵고 힘든 일이다. 그래서 어지간하면 상대와 잘 지내고 싶은 게 사람 마음이다. 비폭력대화 공부를 시작하는 내 마음도 그랬다. 공감을 잘하게 되고, 어떤 상황에서도 '비폭력적'으로 편안하게 반응하는 모습을 꿈꿨다. 그래서 더 많은 사람과 가까워질 줄 알았다.

하지만 현실은 반대였다. 비폭력대화를 배운 뒤로 이상하게 말수가 더 적어지고, 여러 사람과 멀어졌다. 말 그대로 '손절'한 사람이 하나둘 늘었다.

이래도 되나 싶어 친한 언니에게 고민을 털어놓았다. 커피 한 잔을 앞에 두고 앉아 "요즘 대화법을 공부하며 내가 원하는 걸 분명하게 알게 되어 좋아. 근데 그럴수록 불편한 인간관계를 정리하게 돼. 이러다 너무 외로워질까 걱정스러운데, 나 괜찮은 걸까?"라고 물었다.

언니는 의미심장한 표정을 짓더니 자리에서 일어섰다. 그러더니 조용히 주문하는 곳으로 가서는 케이크 한 조각을 사서 초까지 꽂아 왔다.

"걱정은 무슨? 축하해! 너 그동안 충분히 애쓰며 살았어. 이제 그만해도 돼. 지금 정리하는 사람들에겐 여태 공감 받지 못했던 거잖아. 앞으로 소중한 인연이 그 자리를 대신할 거야."

이전의 나는, 내가 필요하다는 사람 곁에 있을 때 안심했다. 나의 존재감과 인정 욕구를 타인을 통해 충족했다. 하지만 나의 욕구를 돌보기 시작하면서 주변 사람을 하나하나 다시 살폈다. 그러자 나를 이용하는 사람, 내게 중요한 것을 존중하지 않는 사람이 보이기 시작했다. 같이 있는 시간이 행복하지 않은데도 명분이나 의무감에 유지해온 관계는 정리했다.

남은 관계는 많지 않았다. 휴대전화를 습관처럼 들여다봐도 부재중 전화나 새로운 메시지는 없었다. 허전했다. 단절에는 분명히 기회비용이 따른다. 때로 비난과 원망을 감수해야 한다. 관계를 위해 충분히 노력했는지, 이게 잘한 선택인지 고민하다 보면 몇 번이나 결정을 번복하게 된다. 단호하게 거절하려면 에너지가 필요하다. 무엇보다 마음이 아프다.

단절, 필요하면 하되 '이것'만은 빠뜨리지 마세요

그럼에도 불구하고 나를 지키기 위해 단절이 필요하다면 실행해야 한다. "잠시 시간을 가지려고요"나 "좀 더 생각해볼게요"는 신중한 사람처럼 보이고 싶을 때 하는 변명일 때가 많다. 더 솔직히 말하자면 상대나 시간이 해결해주길 바라며 미루는 말이다. 갈등을 회피할 때 가장 큰 피해자는 나 자신이다. 인생의 소중한 시간을 낭비해가며 스스로 속이는 셈이니까.

비폭력대화를 공부하며 단절한 뒤엔 나만의 작은 의식을 치렀다.

아주 짧은 시간이라도 그 관계를, 그 사람과의 기억을 축하하고 애도한다. 충분히 슬퍼하고 함께하는 동안 배운 점과 충족된 욕구를 찾아본다. 비록 단절을 선택했지만 그 덕분에 많이 성장한 것도 사실이다. 아름다운 추억을 쌓았고, 재밌고 행복했던 순간도 분명 있었다. 지금까지 인연을 이어오기 위해 서로 노력했다.

축하와 감사의 시간을 가지면 관계가 달리 보인다. 힘들어서 마냥 허우적대거나 상대를 비난하고 원망하거나 자책하고 후회하는 것과는 비교가 되지 않을 만큼 풍요롭다. 상실감에 빠져 아무나 다시 만날 가능성도 줄어든다.

일본의 미니멀리스트 곤도 마리에는《설레지 않으면 버려라》에서 물건을 버리기 전에 감사하는 시간을 가지라고 조언한다. 넷플릭스가 제작한 동명의 프로그램을 보면, 그녀가 가족들과 현관에 모여 집에 절을 하는 장면이 나온다. 오래되고 허름하지만 그동안 가족들을 안전하게 지켜준 집에 대한 인사다. 그 안에서 부부가 서로 사랑했고, 아이들이 태어나고 자랐다. 가득 쌓인 살림살이는 추억을 품었다. 잘 입고, 잘 가지고 놀았고, 덕분에 끼니를 지어 먹었다. 인연이 다했으므로 떠나보낼 뿐이다.

물건을 보낼 때도 이런 시간을 가지는데 인연을 끊으면서 이만큼의 정성도 들이지 않는다면 너무 무책임한 게 아닐까? 보기 싫은 사람은 보지 않으면 그만이라지만 클릭 한 번으로 차단하거나 연락처를 지운다고 끝이 아니다. 나를 위해서, 앞으로 더 좋은 인연을 이어가기 위해서라도 충분히 축하하고 감사할 만하다. 관계를 정리하고 나면 어차피 시간도 많다.

내가 축하받았듯 나도 마음을 담아 당신에게 케이크를 건넨다. 단절을 선택한 용기를 축하한다. 애도의 시간을 잘 겪어내길 응원하며 하나, 둘, 셋, 후!

화

그 뒤의 진짜 감정을 묻다

대학생 시절, 나는 하루 평균 세 개의 아르바이트를 했다. 급여를 받으면 하나는 생활비로 쓰고, 하나는 등록금을 내기 위해 저축하고, 마지막 하나는 어학연수나 배낭여행을 위한 적금을 들었다. 수업 들으랴, 아르바이트하랴, 그 와중에 동아리 활동하랴. 무척 바빴지만 목표가 있어 힘든 줄 몰랐다.

IMF가 터진 지 얼마 지나지 않은 시기였다. 그즈음 아빠는 오랫동안 다닌 직장을 그만두고 퇴직금으로 개인택시를 시작하셨다. 하지만 건강이 나빠져 나가지 못하는 날이 많았다. 살림은 빠듯했다. 빚이 조금씩 쌓여갔다. 돌려막고, 돌려막고, 돌려막다가 한계에 다다른 어느 날, 부모님이 내게 물으셨다. 모아둔 돈 좀 있냐고.

화가 났다. 대학에 간 후로 용돈 달라고 손 한 번 내민 적 없었다. 그랬건만 내가 일해서 모은 돈을, 그것도 쓸 계획이 있는 돈을 갑자기 내어달라니 받아들이기 힘들었다. 두 개의 통장을 부모님 앞에 툭 던졌다. 도대체 살림을 어떻게 하는 거냐, 무슨 어른들이 이렇게 대책이 없냐, 나한테 왜 이러는 거냐, 다 글렀으니 아무 통장이나 깨서 쓰시라, 어학연수고 여행이고 물 건너갔다고 울먹이며 소리를 지르고 자리를 떴다. 그러곤 한동안 부모님 얼굴을 똑바로 보지 않았다.

시간이 흐르며 일상을 되찾았지만 돈 문제만큼은 서로 입 밖에 내지 않았다. 여전히 바쁘게 아르바이트를 하며 새 통장을 만들었다. 이따금 이게 다 무슨 소용인가 싶었다. 어학연수나 배낭여행을 간다는 동기들의 말을 들을 때마다 그날의 일이 떠올랐다. 하루는 네일아트를 받으러 간다는 누군가의 말에 갑자기 화가 치솟기도 했다. 내 감정의 원인도, 어떻게 다뤄야 할지도 몰랐다. 갖고 싶지도 않은 옷과 물건을 사고, 비싼 음식을 먹거나 술을 잔뜩 마시기도 했다.

이후로 나는 부모님과 돈에 대해 이야기하지 않는다. 살다 보니 용돈 같은 소소한 결정부터 부동산처럼 큰돈이 오가는 일까지 상의할 일이 종종 생긴다. 하지만 긁어 부스럼 만드느니 아쉽고 서운한 게 낫다 싶어 슬쩍 넘어간다. 돈은 부모님과 나 사이에 건드리지 못할 상처로 남았다. 많은 시간이 흘렀지만 방금 난 상처처럼 생생하다. 통장을 툭 던진 그 오후가 마치 어제 같다. 대화법을 공부하며 비로소 그때의 마음을 돌아본다.

그때의 나,
정말 화가 났던 걸까?

당황스러웠다. 돈이 필요하다는 통보가 무척이나 갑작스러웠다. 앞으로 언제든 또 이럴 수 있을 것 같아 불안했다. 상황 설명 하나 없이 "어쩌다가 이렇게 되었으니 내놓아라" 한 것 같아 서운한 마음도 컸다. 가고 싶은 여행과 어학연수를 가지 못하게 될까봐 슬프고 안타까웠다. 아르바이트는커녕 용돈 받아쓰며 여행과 어학연수를 가는 동기들을 보면 부러웠다. 세상이 불공평한 것 같아 비참했다. 나도 부모덕을 보고 싶었나 보다. 화가 타오르고 난 잿더미 아래 이런 감정들이 남았다.

비폭력대화는 감정을 우리 자신의 욕구가 보내는 신호로 본다. '화'라는 감정도 마찬가지다. 우리는 흔히 다른 사람의 말이나 어떤 행동 때문에 화가 난다고 생각하는데 사실 다른 사람의 말이나 행동은 자극일 뿐이다. 내 감정의 책임은 내게 있다.

그 말과 행동으로 나의 어떤 욕구가 좌절되었는지를 찾아보면 화낼 에너지를 나를 돌보는 쪽으로 옮길 수 있다. 그러면 불필요한 감정 소모가 줄어든다. 내 욕구가 충족된 상황을 상상하며 내가 얼마나 그것을 원하는지 느껴본다. 그 상태로 대화하면 전과는 분명히 다른 것을 느낄 수 있다.

나는 우리 집의 경제 상황을 어느 정도라도 알고 있고 싶다. 그러면 한결 안심될 것 같다. 나도 대학에 가고 성인이 되었으니 인정받고 존중받으며 함께 상황을 해결할 수 있으면 좋겠다. 여행이나 어학연수를 통해 여유롭고 재미있는 시간을 갖고 싶다. 새로운 자극을 받으며 더 성장하고 싶다. 그 비용을 스스로 마련했다는 뿌듯함도 느끼고 싶다. 내가 애써서 번 돈을 존중받고 싶다. 하지만 무엇보다 '애썼다' 그 한마디가 참으로 듣고 싶다.

이렇게 원하는 걸 떠올리니 '날 화나게 하는 대책 없는 어른들'이었던 부모님이 '서로 의지하고 함께 노력해야 할 한 팀'이 되었다. 무엇보다 '애썼다'에 목이 턱 막혔다. 스무 살의 나는 그 말이 참 듣고 싶었나 보다.

감정을 보듬고 나니 울먹이던 내가 조금씩 진정된다. 조심스럽게 고개를 드니 그날의 부모님이 보인다. 그들의 나이는 지금의 나와 비슷했다. 경제 위기니 국가 부도니 하는 뉴스 사이에서 하루하루가 얼마나 불안하고 걱정됐을까? 성실하게 일하면 된다고 믿었는데 몸도 상황도 여의치 않으니 속상했겠다. 그날 내게 돈이 필요하다고 말을 꺼내기 전까지 수없이 고민하고 주저했을 두 분의 모습이 그려진다. 내가 자리를 박차고 나간 뒤에도 두 분은 한참을 그 자리에 그대로 앉아 계셨겠지.

부모님과 마주 앉은 날로 돌아가 본다.

“엄마 아빠, 이 적금은 제가 어학연수나 배낭여행을 가고 싶어서 모아둔 돈이에요. 집안 사정이 어려워서 이걸 깨야 하는 상황이 많이 안타깝고 슬퍼요. 이 돈으로 새로운 걸 경험하고 성장하는 걸 상상하면 설레고 행복했어요. 그래서 힘들어도 힘든 줄 모르고 아르바이트를 했거든요. 그런데 두 분이 갑자기 부탁하셔서 놀라고 당황했어요. 앞으로는 중간중간 상황을 알려주시면 안심될 것 같아요. 저도 이제 성인이 되었으니 같이 상의하고, 앞으로는 이런 일 없게 미리 대비해요. 그리고 지금까지 정말 애쓰셨어요.”

적 이미지 프로세스

내가 나를 돌보는 가장 정확한 방법

"자아~"

회의 중이었다. 여러 사람의 의견을 들어야 하는데 갑자기 한 사람이 발언권을 낚아챘다. '자아~'는 지금부터 본인이 말할 테니 집중해서 들으라는 신호다. "너 이거 모르지? 내가 알려줄게"라는 뜻이기도 하다. 아니나 다를까 그 후로 약 20분간 본인의 옛날 옛적 경험과 장황한 설명과 판단, 그리고 사이사이 누군가의 잘못에 대한 비난이 이어졌다.

처음이 아니었다. 지난 회의에서도 그는 "자아~"라는 말을 시작으로 십 분 넘게 누가 묻지도 않은 얘기를 의식의 흐름에 따라 혼자 신나게 떠들었다.

"자아~"라는 말에 이어지는 설명을 듣고 있으면 코끝을 비롯해 얼굴 표면이 저린다. 엉덩이가 들썩인다. 똑딱똑딱 초침 소리가 들리는 것 같고, 내 귀한 시간이 어딘가에 묶여 있는 것 같아서 가슴이 답답해지고 화가 난다. 그렇다고 "잠시만요! 누가 묻지도 않았는데 이제 그만하시죠"라며 제지할 용기는 없다. 그냥 속이 타들어갈 뿐이다. 비슷한 표현으로 (말을 자르며) "됐고(요)"가 있다.

그러려니 하며 딴청을 부리는 사람도 있고, 말을 하는 사람이 연장자라 그런지 고개를 끄덕이며 듣는 사람도 있다. 회의를 마치고 가까운 몇 명에게 불편하지 않았냐고 조심스레 물었다. "에이, 원래 그런 분이잖아요." "덕분에 그 일의 히스토리를 알게 됐잖아요"라는 대답이 돌아왔다. 이 상황을 견디기 힘든 건 나뿐인가.

다른 사람들은 그런대로 넘기는데 나는 특별히 더 힘든 자극을 비폭력대화에서는 '적敵 이미지enemy-image'라고 부른다. 여기엔 말뿐만 아니라 표정이나 몸짓 같은 비언어적 요소도 포함된다. 나는 말하는 사람이 미간을 찌푸린다거나 혀로 입술을 핥는다거나 입술 양쪽에 침 거품이 고여 있으면 자극(!)받는다.

적 이미지는 사람마다 다르다. 비폭력대화를 연습하며 다른 사람들의 적 이미지를 들을 기회가 있었는데, 그야말로 제각각이었다. 눈을 마주치지 않아서 힘든 사람도 있었고, 반대로 눈을 마주쳐서 힘든 사람도 있었다. 어떤 이는 말하는 사람이 자기가 싫어하는 사람과 두상이 닮고 입매가 비슷해서 신경이 쓰인다고 했다. 눈썹이 너무 많이 움직여서 불편하다는 사람도 있었다. 만약 대화 후에 불편한 일이 반복된다면 특정한 대화 상대나 상황이 아니라 나의 적 이미지가 반영된 것은 아닌지 의심해볼 필요가 있다.

타인의 적 이미지가 내 적 이미지와 같지 않을 수도 있다. 앞서 회의에 참석한 다른 사람 중에 누군가는 그 설명이 도움이 된다고 생각하고, 누군가는 '그러려니' 하며 대수롭지 않게 넘겼듯이 말이다. 보편적인 대화 팁을 익히기보다 내게만 적용되는 적 이미지를 돌보는 게 훨씬 유용하다.

적 이미지,
어떻게 다뤄야 할까요?

"자아~"로 돌아와 내 적 이미지의 뿌리를 더듬는다. 수십 년 전 아빠와 마주 앉은 순간으로 돌아간다. 아빠는 초등학생인 나를 앞에 앉히고 신문을 펼쳐 "자아~" 하면서 한자(당시엔 대부분의 가정에서 종이신문을 봤고, 신문에는 한자가 병기 혹은 단독 표기되어 있었다.)의 음과 뜻을 설명하셨다. 그리고 곧바로 이게 무슨 자인지 대답하게 했는데, 내가 그걸 알 리 없다. 나는 암기력이 그다지 좋지 않은 데다 훗날 어문과 관련된 과목을 힘들어했으며, 무엇보다 그 순간 한자에 대해 알고 싶지 않았다. 참고 들어야 했고, 언제 끝날지 몰랐다. 한마디로 불편했다.

직장 선배와 밥을 먹으며 주억주억 고개를 끄덕이는 모습도 보인다. 선배는 수십 년 전 이야기를 꺼내어 프로그램은 어떻게 만들어야 하고, 그건 이렇게 해야 하며, 어떤 가수는 본인이 다 키운 거나 다름없다고 주장한다. 가슴이 답답하고 짜증이 올라오는 한편 기운이 빠진다. 언제 끝나려나 싶어 괴로운데, 무기력하게 앉아서 "그랬군요"라고 대답하는 내가 한심하다. 한편으론 애처롭고 딱하다.

나는 나이나 성별, 직위 같은 권위에 의해 내 말과 행동이 제한될 때 자극받는다. 자유, 선택, 효율성이 중요하다. 이 욕구들이 충족되었을 때의 느낌을 떠올려본다. 속이 다 시원하고 뿌듯하다. 가볍고 신난다.

그런데 좀 더 파고드니 나를 따르게 한 사람(부모님, 선배)보다 그런 상대에게 내 의견을 한 번도 표현하지 못한 자신이 실망스럽고 서운했다. 나에 대한, 상대와 스스로의 '존중과 배려'가 큰 산처럼 앞에 보인다. 이 욕구들이 충족되었을 때의 느낌을 떠올린다. 몸이 단단해지고 발이 무거워져서 어지간해서는 흔들리지 않을 것만 같다. 가슴이 차오르고 따뜻해진다.

이 욕구들을 꽉 붙잡고 실전 연습에 들어간다. 낮은 강도부터 시작해 차츰 자극에 대한 나의 반응을 편안하게 만드는 과정이다. 혼자 해도 좋지만 파트너가 있으면 더 좋다. 파트너가 "자아~"를 해주고 그때의 느낌을 살피는 것으로 시작한다. 나는 저 말을 들으면 가슴이 답답하다. 나를 무슨 애로 보나? 화가 나고 짜증이 올라오는 한편 기운이 빠진다.

욕구에 기반해 자기표현을 하면 도움이 된다. 파트너에게 "아빠, 나는 지금 한자 공부를 하고 싶지 않아요. 내가 하고 싶은 거 하면서 놀고 싶어요. 나중에 하고 싶을 때 할게요"라고 말했다. 이 말을 하고 나니 어찌나 후련하던지, 잠시 뒤엔 이유를 설명하기 힘든 눈물까지 흘렀다. 실제 아빠에게 수십 년 전의 이야기를 꺼내어 직접 하지 않아도 충분히 효과가 있다.

적 이미지 프로세스를 하고 나면 비슷한 상황에서 불편한 감정이 줄어든다. 좀 더 내면에 힘이 생긴다면 그 상황에서 상대의 느낌이나 욕구를 추측해보자. "자아~"라며 나를 신문 앞에 앉힌 아빠는 어떤 마음이셨을까? 내가 가늠해본 아빠의 욕구는 다음과 같다.

- 배움과 재미: 너도 한자의 재미에 빠져보렴.
- 인정: 아빠가 한자를 이렇게 잘 안단다.
- 연결: 딸아, 너와 함께 시간을 보내고 싶구나.(그런데 이 방법밖에 모르겠구나.)

그렇다. 아빠는 내게 본인이 잘 알고 재밌어하는 한자를 가르쳐주며 심지어 친해지고 싶으셨던 거다. 아빠 나름의 친교이자 놀이이자 양육 활동이었다니. 직접 여쭙진 않아서 사실인지 아닌지는 모르겠지만 이렇게 아빠의 욕구를 추측해보는 것만으로 내 마음이 훨씬 편안하고 풍요로워진다.

예민한 성격에 라디오PD의 직업병까지 더해져서 내 적 이미지 대열은 끝이 보이지 않는다. 주술 관계가 맞지 않아도 삐-! 말에 군더더기가 많아서 단위 시간당 정보의 양이 적어도 삐-! '음'이나 '에'처럼 무의미한 말로 시간을 끄는 버릇도 삐-! '이케(이렇게)', '~하는 부분은'처럼 불필요한 지시대명사도 삐-!

수많은 적 이미지가 때론 무겁게 느껴지지만 프로세스를 통해 내 욕구를 알려주는 선물로 여기려고 노력한다. 하나하나 직면하다 보면 '나에게 이게 중요했구나!', '내가 이런 사람이었어?' 하며 나를 재발견한다. 멋진 옷을 사거나 근사한 맛집에 다녀오거나 인상적인 여행을 다녀온 것 못지않다. 내가 나를 돌보는 가장 정확한 방법이다.

쓸모 있는 후회

그날 나는 왜 그랬을까?

2008년 8월 8일.

십 년도 훨씬 더 지났지만 많은 KBS 직원들이 이날을 기억한다. 적어도 나는 그렇다. 4년차 PD였던 나는, 아는 것보다 모르는 것이 더 많았어도 꽤 존중받으며 일하고 있었다. 자유롭고 독립적인 회사 분위기는 이명박 대통령이 취임하면서 조금씩 달라졌다. 여기저기 균열이 생기는 게 느껴졌다.

어느 날 아침, 회사 곳곳에 낯선 사람들이 보였다. 머리가 짧고 체지방이 거의 없어 보일 정도로 몸이 단단한 사람들이었다. 사복경찰이었다. 당시 사장을 해임시키려는 이사회를 지키기 위해 그들은 회사 구석구석에 떼지어 들어왔다. 사장에 대한 지지 여부를 떠나 상황

자체가 비참했다.

사복경찰들과 복도에서 맞닥뜨렸다. 우리를 몰기 위해 여기저기 문이 잠겼다. 우리는 그들을 막으려고 애썼지만 운동이라고는 숨쉬기가 전부인, 매일 스튜디오와 편집기 앞에 앉아 있던 사무직 노동자들은 그들 앞에서 무력했다.

몇몇이 쓰러지고 다쳤다. 밀폐된 공간에서 경험한 폭력은 지금도 생생하다. 안경에 서린 김, 땀에 젖어 이마에 붙은 머리카락, 모서리를 돌아 울리던 목소리, 살갗에 닿는 옆 사람의 열기, 놀라고 분노해서 일그러진 표정까지.

그 후로 회사 분위기는 하루가 다르게 흉흉해졌다. 노동조합은 경찰의 폭력에 다친 직원들을 위해 적극적으로 나서지 않았다. 미온적 대처에 화가 난 직원들이 새 노동조합을 만들기 위해 애썼다. 나도 새로운 노동조합을 원했다. 뜻이 비슷한 직원들이 모여 단체협약 체결과 방송독립을 위한 파업을 했다.

파업이 시작되면 업무를 중단하고 구역별로 피케팅을 하거나 집회를 한다. 문제의 날, 나는 본관 1층을 배정받았다. 그곳은 이사들이 지나가는 출입구로, 그들이 지나가면 가까이 다가가 의견을 전하는 자리였던지라 때로 몸싸움이 벌어지기도 했다.

그날도 가볍게 밀고 당기는데 갑자기 안전관리실 청원경찰들이 밀고 들어왔다. 직원 하나에 청원경찰 서너 명이 붙어 문밖으로 끌어냈다. 여기저기서 선후배들이 들려 나갔다. 내게도 두세 명이 다가오더니 팔다리를 잡아 내 몸을 공중에 붕 띄웠다. 움찔한 나는 몸을 빼며 말했다.

"놓으세요, 놓으세요! 나갈게요."

그들도 당황했는지 순순히 나를 내려놓았다.

그 순간,
나는 왜 몸싸움을 피했을까?

별 것 아닐 수도 있다. 하지만 문득문득 그날이 생각난다. 생각할 때마다 부끄럽고 민망하다. 다른 현장에서는 더 참혹하고 아픈 일이 일어났다. 나는 고작 팔다리가 들려서 몇 미터 움직였을 뿐인데 뭐가 그렇게 견디기 힘들었을까? 동료들은 격하게 저항하며 버티는데 나는 뭐가 겁이 나서 제 발로 나간다고 했을까? 그게 짐짓 쿨한 태도라고 생각한 걸까? 그냥 버둥거리며 끌려나갔어야 했는데……. 자책과 후회가 꼬리를 문다. 그날을 떠올리면 아직도 내 안에서 비난이 들려오는 듯하다. "너는 겁쟁이구나, 비겁하구나, 나약하구나."

자책하고 후회하면 움츠러든다. 고작 그것밖에 안 되는 내가 앞으로 뭘 할 수 있을까 싶어 위축된다. 이런 감정들이 떠오를 때마다 불편해서 덮어 버렸다. 하지만 뉴스에서 집회 장면을 보거나 자기 목소리를 내기 위해 물리적 충돌을 감수하는 사람을 보면 그때의 감정이 되

살아난다. 생각이 뒤틀려 나도 모르게 비극적인 표현을 쓰기도 한다. 저런 몸부림은 다 소용없다고, 이유야 어쨌든 폭력은 나쁜 거라고.

그날의 나를 응시한다. 왜 내 발로 나가겠다고 했을까? 나는 안전하고 싶었다. 그날의 기억이 제대로 아물지 않아 이후에도 여러 사람이 모이고 충돌하는 상황이 닥치면 겁나고 두려웠다. 몸싸움이 나기 전부터 사람이 많이 모인다 싶으면 손발이 저리고 몸이 떨렸다. 내가 아는 한, 회피는 그 순간 안전해질 수 있는 유일한 방법이었다.

시간을 들여 좀 더 집중해보니 신체 접촉에 대한 불편한 순간들이 떠올랐다. 태권도장에 다니는 열한 살의 나, 교복을 입고 소풍을 간 열다섯의 나……. 어린 시절의 기억이 꼬리를 물었다. 사복경찰을 마주한 순간만 돌보면 될 줄 알았는데 그건 시작일 뿐이었다. 생각지도 못한 상처와 매순간 제대로 대처하지 못한 내가 보였다. 분노와 후회와 자책이 감자알처럼 줄줄이 엮여 나왔다.

하나하나 다 아팠다. 시간이 지난 만큼 아물었을 줄 알았는데 뚜껑을 여는 순간 마치 방금 일어난 일처럼 생생하게 펼쳐졌다. 이번엔 도망가지 말아야지 다짐하며 꿉꿉한 기억을 내놓았다. 시간과 정성을 들여 그늘에 천천히 말렸다.

과거는 바꿀 수 없다. 그때의 나로 돌아갈 수도 없다. 그렇다고 그냥 내버려둬서도 안 된다. 과거는 저절로 나아지지 않는다. 상처받은 경험, 실수와 자책은 잊을 만하면 한 번씩 전혀 예상치 못한 순간에 내 발목을 잡는다. 같거나 비슷한 일이 반복되고 현재의 내가 과거의 나에 비해 한 발짝도 내딛지 못한 걸 확인하면 고통스럽다. 그럴 때마다 자존감이 쭉쭉 떨어진다.

스스로 걸어 나가겠다고 한 내 결정을 후회한다. 나는 그 자리에 모인 다른 동료들과 연결되고, 용기 있게 내 목소리를 내고 싶었다. 회피하기보다 주변에 도움을 청하고 더 크게 소리 질렀어야 했다. 나아가 부당함과 폭력에 저항하는 사람들의 외침에 좀 더 귀 기울였어야 한다. 피치 못하게 물리적 충돌을 겪게 된다면 나 자신을 지킬 수 있을 만큼 몸이 튼튼한 사람이 되고 싶다.

동시에 안전하고 싶었던 나를 꼭 안아준다. 많이 놀라고 두렵고 불안했다. 안전은 당시의 나에게 정말 중요했다. 겁쟁이라서, 비겁해서, 나약해서가 아니라 충분히 그럴 만했다.

예전의 나를 안아주는 지금의 나는 편안하고 강하고 자유롭다. 같은 상황을 마주한다고 상상한다. 두렵고 긴장되긴 마찬가지다. 나를 지키겠다는 의지, 이 외침에 이유가 있다는 믿음, 누군가와 연결되어 있다는 확신에 어깨가 펴진다. 허리를 곧추세우니 몸에 단단하게 힘이 들어간다. 지금의 나는 그날의 나와 다르다.

의무와 강요

나의 선택으로 바꾸다

별 것 아니지만 고백하자면, 이 책은 나의 첫 책이 아니다. 2009년에 《건강한 몸, 착한 몸, 부러운 몸》이란 책을 냈다. 20대 중반부터 아팠다가 꾸준히 노력해서 회복한 경험을 담았다.

책은 세상에 내놓은 자기 예언이다. 건강서의 저자는 아플 수 없다. 출간된 지 10년도 더 되어 아무도 기억하지 못하는데, 나 혼자 의식하고 있다. 화장품이며 먹거리까지 두루 신경 써서 여전히 몸을 관리한다. 그런데 딱 하나, 마음에 걸리는 게 있다. 바로 '운동'이다.

나는 정말이지 운동이 싫다. 땀나기 전에 후끈하고 꾸물꾸물한 느낌도 싫고, 수영장이니 헬스장이니 특정한 장소에 특정한 시간에 규칙적으로 가야 하는 것도 싫고, 하물며 운동복으로 갈아입는 것도 귀찮다.

그저 편히 눕거나 기대앉아 "으어~" 하며 가만히 있을 때가 가장 행복하다.

비폭력대화는 '~을/를 해야 한다'를 '~을/를 선택한다'로 바꿔보라고 권한다. 이걸 연습하기 위해 내가 억지로 하는 혹은 해야 한다고 생각하는 일을 떠올려야 했다. 나는 조금의 주저함도 없이 '운동'을 선택했다. '해야 한다'고 생각하면서도 하지 않는, 십대 이후로 지긋지긋하게 나를 괴롭힌 그 운동 말이다.

우선 내가 운동을 할 때 충족되는 욕구와 충족되지 않는 욕구들을 찾아봤다.

- 운동을 선택했을 때 충족되는 욕구: 건강, 안심, 자신감, 성취감, 아름다움
- 운동을 선택했을 때 충족되지 않는 욕구: 자유와 효율성, 여유와 편안함

나는 시간을 맘대로 쓸 자유와 효율성이 중요하다. 매주 몇 번 정해진 시간에 규칙적으로 하는 운동은 오래 해본 적이 없다. '이번엔 할 수 있을 거야', '이번엔 해야만 해'라는 생각으로 헬스장에 갖다 바친 돈이 수백만 원은 될 것이다. 등록하고는 몇 번 억지로 가다가 가야지, 가야지 하며 스트레스 받다 어느 순간 등록한 사실조차 잊었다. 그러다 얼마지 않아 기간 만료 연락을 받는 일을 반복했다. 사물함에

서 축축한 세면도구를 빼오는 경험은 이제 그만하고 싶다.

여유와 편안함은 더 중요하다. 아무것도 하지 않는 시간이 나에겐 필수다. 그 시간에 회사 일이나 사람 사이에서 받은 여러 자극이 아문다. 숨도 최대한 늦게 쉬고, 한 곳을 오래 쳐다보고 있으면 정말 행복하다. 그 귀한 시간을 운동 따위(!)를 하며 잃고 싶지 않다. 여유와 편안함은 절대 양보할 수 없다.

이번엔 운동을 선택했을 때 충족되는 욕구에 머물러 봤다.

운동은 잘못된 방법만 아니면, 할수록 건강해진다고 알려져 있다. 하고 나면 자신감과 성취감도 든다. 운동하는 사람은 긍정적인 평가를 받는다. 게다가 책에 '운동을 열심히 해야 한다'고 썼으니 몸소 실천해야 비난을 피할 수 있다. 이렇게 생각하면 어딜 봐도 운동은 하는 게 마땅하다.

그런데 이 모든 당위가 내겐 크게 와닿지 않았다. 건강은 아프지 않을 정도면 충분하고, 자신감과 성취감은 다른 데서 충족하면 된다. 그리고 책은 이제 오래되어 구하기 힘들다. (제발 찾아보지 마시길) 미련 없이 '운동을 하지 않는다'를 선택하려던 찰나 무언가 내 뒷덜미를 잡는다. 마지막 욕구 단어 '아름다움'이다.

아름다움은, 아름다움은 정말 중요하다. 아름다움이 충족되는 순간을 상상하면 코끝이 찡해지고 팔에 두드러기가 돋는다. 누군가의 시선을 사로잡거나 사회가 정해준 기준에 맞추는 게 아니라 스스로 아름답다고 느끼고 싶다.

의무와 강요가
선택으로 바뀌는 마법 같은 순간

편안함과 아름다움, 이상형 월드컵의 결승처럼 양쪽에 절대 포기할 수 없는 욕구가 남았다. 생각만으로는 편안함도 중요하고 아름다움도 중요하다. 몸으로 확인하기 위해 '편안함'과 '아름다움'을 각각 포스트잇에 적어 양손에 올려본다. 마음의 무게를 양손의 무게로 바꾼다. 편안함과 아름다움이 손 위에 있다 상상하며 질감과 온도를 느껴본다.

아름다움을 쥔 손이 아래로 내려간다. 더 따뜻하고 묵직하다. 편안함은 여기에도 저기에도 있는데, 아름다움은 이 손 안에만 있다. 은은하지만 좀처럼 꺼지지 않을 것처럼 빛난다. 내게 운동은 '건강'을 위해 해야 하는 의무가 아니라 '아름다움'을 위한 선택이라는 걸 깨달았다.

지금까지 나는 '건강하려면 운동을 해야 한다'고 나 자신을 강요했다. 그럼에도 효과가 없으면 "이러다 아프면 어쩌려고 그래?"라며 비극적인 상황을 상상하며 스스로를 협박했다. 그러고 나면 두렵고 갑갑해진다. 맞는 말이지만 싫다는 생각이 들어 몸이 좀처럼 움직이지 않는다. "에이 망했어. 난 안 돼"라며 주저앉았다. 시험 전날 책상 정리하듯 운동가기 전에 모든 핑계를 동원했다.

돈이나 타인의 인정, 수치심, 죄책감, 의무감 때문에 무언가를 할 때, 우리는 생동감을 잃는다. 마셜 로젠버그는 "외부에서 오는 강요는 우리 안에 분노를 일으키고, 내부에서 오는 강요는 우리 안에 우울을 가져온다"라고 말했다. 강요에 복종하고 두려움이 위협할 때 우리는 결코 행복할 수 없다.

스스로 선택하고, 그 선택으로 욕구가 충족되는 순간을 떠올려본다. 몸과 마음이 가볍고 기쁘다. 나를 옥죄는 강요와 의무의 말을 '나는 ~을/를 하기로 선택했다'로 바꾸다 보면 나에게 가장 소중한 욕구를 만날 수 있다.

운동하면 자유와 효율성, 여유와 편안함은 희생해야 한다고 생각했다. 억지로 운동을 하다가도 이 희생에서 오는 억울함과 불편함이 쌓여 같은 고민(운동, 하기 싫은데 해야 하나?)으로 돌아갔다. 비폭력대화는 선택지에 얽힌 여러 욕구를 모두 충족시킬 수 있다고 말한다. 특정한 욕구를 선택했다고 다른 욕구를 포기해야 하는 것은 아니란 뜻이다. 만약 자유와 효율성, 여유와 편안함도 돌본다면 더 오래 즐겁게 운동을 할 수 있지 않을까?

시간과 장소를 자유롭게 선택할 방법을 고민했다. 화장실에 갈 때마다 스쿼트를 하기로 했다. 출퇴근할 때 두세 정류장 먼저 내려 걷는다. 요가나 필라테스는 쿠폰을 끊고, 수영은 자유수영 시간을 활용해서 가고 싶을 때 간다. 이러면 운동을 위해 정해진 시간에, 정해진 장소에 가지 않아도 된다. 여유롭고 편안하게 보내는 시간을 줄이지 않으면서도 주당 20시간 넘게 운동에 할애할 수 있다.

여전히 '운동'이란 단어 앞에 몸이 무겁다. 그냥 누워 쉬고 싶다. 하지만 '아름다운 나'를 떠올리며 몸을 일으킨다. 할까 말까 고민할 시간에 자유롭고 편안할 방법을 찾는다. 누가 시켜서가 아니라 내가 선택했으니까.

근데

근데 씨, 이 녀석의 이야기를 들어주세요

내 안에는 '근데 씨'가 산다. 자신을 의심(예: 근데 내가 할 수 있을까?)하거나 과거의 결정에 대해 후회(예: 근데 그때 ~했어야 했는데)하거나 고민(예: 근데 A를 할까? B를 할까?)이 있을 때마다 어김없이 등장한다. 의심과 후회, 그리고 고민이 일상인 나는 근데 씨와 아주 친하다.

근데 씨가 너무 알짱알짱해서 신경 쓰이면 마주앉아 대화를 나눈다. 이 책을 쓰는 동안에도 책을 쓰는 나와 발목을 잡는 또 다른 나인 '근데 씨'가 끊임없이 대화했다.

나: 대화법 책을 쓰고 싶어.

근데 씨: 근데 책을 쓸 만큼 전문가야?

나: 그동안 열심히 공부했고, 꾸준히 대화 고민을 다뤄왔어.(방어와 변명)

근데 씨: 근데 책을 쓸 여력은 있어?

나: 아니, 없어. 일도 바쁘고, 조만간 큰일이 있어서 힘들긴 해.(움츠러듦)

근데 씨: 근데 시중에 많이 나와 있는 대화법 책보다 더 잘 쓸 자신 있어?

나: 그치, 이미 좋은 책들이 많이 나와 있고…….(의기소침)

이렇게 반복하다 보면 어느새 '포기'라는 결론에 이른다. 포기하면 실패할 위험도 없다. 시도조차 하지 않기 때문이다. 근데 씨에게 매번 무릎 꿇는다면 아마 나는 아무것도 하지 못했을 거다. 도전하거나 성장할 가능성이 없어진다. 실패를 통해 배울 기회도 잃는다. 후회와 미련이 남을 테고, 애초에 내가 충족하고 싶었던 욕구도 빛을 잃는다.

그렇다고 근데 씨를 마냥 무시할 순 없다. 무척 끈질긴 데다 나름대로 맞는 말을 할 때가 많다. 근데 씨는 내가 안전하고 편안하길 바란다. 근데 씨가 지적하는 위험 요소와 부작용에 어떻게 대처할지 미리 고민하면 실제 어려움에 맞닥뜨렸을 때 한결 수월하다. 예상치 못했던 문제를 미연에 방지할 수도 있다.

근데 씨에게 압도되거나 근데 씨를 외면할 게 아니라 공감해주자. 그의 느낌을 읽어주고, 어떤 욕구 때문인지 알아주고, 그 욕구를 충족시킬 부탁을 하면 근데 씨가 어느새 순해진다.

나: 대화법 책을 쓰고 싶어.

근데 씨: 근데 책을 쓸 만큼 전문가야?

나: (느낌과 욕구를 읽어주며) 비전문가라고 비난받을까봐 걱정되는 거야? 내가 안전했으면 하는 거지?

근데 씨: 맞아.

나: 전문가로서 가르치기보다 내가 노력하고 연습하는 과정을 진솔하게 담으면 어떨까? 독자들과 같은 눈높이라서 더 쉽고 친숙하다는 장점도 있고.

근데 씨: 그건 그래. (다시 현실적인 걱정을 끄집어낸다.) 근데 책을 쓸 여력은 있어?

나: (다시 느낌을 읽어주며) 괜히 시작했다가 수습하지 못할까봐 염려돼? 일과 병행할 수 있을지 걱정되고?

근데 씨: 응! 바로 그거야. 네 상황으로는 마감 못 맞춰서 출판사에 폐를 끼칠지도 몰라.

나: 내가 힘들지 않길 바라는구나. 협업하는 사람에게도 신뢰받길 원하고.

근데 씨: 그렇지.

나: 가족과 출판사에 내 상황을 이야기하고 도움 받으면 어떨까?

근데 씨: 그 말을 들으니 좀 안심이 되네. (다시 겁을 준다.) 근데 시중에 나와 있는 대화법 책보다 더 잘 쓸 자신 있어?

나: 내가 쓸 책이 다른 책들과 어떻게 다를지 궁금한 거야?

근데 씨: 응. 일주일에 몇 권씩 대화법 책이 나오니까. 이 책이 그 책들과 뭐가 달라?

나: 네 말대로 대화법 책은 계속 나와. 그중에 나처럼 내향적인 사람들에게 와닿는 책은 많지 않아. 본인들의 성공담이나 단편적인 팁, 해외 사례는 한계가 있더라고. 반대로 깊이 있는 대화법을 다루는 책은 딱딱하고 어렵고. 잘 읽히면서도 각자를 존중하는 따뜻한 글로 사람들의 변화를 돕고 싶어.

이 책을 쓰는 내내 근데 씨가 수시로 말을 걸었다. 근데 씨에게 공감해주는 데 얼마나 많은 에너지를 썼는지 모른다. 힘들긴 했지만 앞으로도 친하게 지내고 싶다. 사랑하면 사랑할수록 나를 성장시키는 소중한 친구니까.

당연히

꼰대로 가는 지름길

남녀노소 불문하고 꼰대 여부를 알려주는 단어가 있다. 바로 '당연히'다. 비슷한 표현으로 '자고로', '마땅히', '원래', '~면 ~해야 하는 거 아닌가?'가 있다. 이런 표현을 자주 쓰는 사람은 상대방에게 다수의 의견이나 고정관념에 맞추기를 강요할 확률이 높다. 왜냐고 물어보면 '당연한 게 당연하지 왜 이유를 따지냐'는 식의 답이 돌아온다.

- 학생이면 당연히 공부를 열심히 해야지.
- 가장이면 당연히 돈을 벌어와야지.
- 시집가려면 요리는 당연히 배워둬야 하는 거 아냐?(결혼을 앞둔 여성에게)
- 남자가 왜 이렇게 소심해요?

이런 표현은 개별적인 존재로 매순간을 살아가는 개인을 소외시킨다. 당연한 것들로 가득 찬 대화를 나누고 나면 주고받은 정보는 많아도 서로를 거의 이해하지 못한다.

한때 제작했던 프로그램의 청취자 인터뷰가 딱 그랬다. 당시 진행자의 머릿속은 당연한 것들로 가득 차 있었다. 작가가 사전 인터뷰를 통해 풍성한 질문을 준비했지만 진행자에게는 별 소용이 없었다. 그는 청취자와 연결되면 머리부터 발끝까지 마치 스캔하듯 정보를 캐내기 바빴다. 고향은 어디인지, 지금 사는 곳은 어디인지, 직업은 무엇인지, 키는 얼마나 되는지, 무슨 성에 본관은 어디이며 몇 대손인지, 나이는 어떻게 되는지, 결혼은 했는지, (결혼했다고 하면 당연하게) 아이는 몇 살인지.

일사분란하게 이루어지는 인터뷰 뒤에 남는 것은 정보와 그것을 바탕으로 넘겨짚은 추측들뿐이었다. '부산 남자니까 싸나이네.', '서울 여자니까 깍쟁이네.', '혈액형이 A형이면 소심하겠네' 같은 선입견과 평가만이 가득했다.

청취자는 단답형으로 대답하다 이내 말수가 줄었다. 보지 않아도 청취자의 표정이 보였다. 인터뷰를 하고 나서도 청취자가 어떤 사람이고, 어떤 심정이었는지 알기 어려웠다. 방송을 듣는 청취자들의 반응도 싸늘했다. 결국 인터뷰 코너를 없앴다. 진행자도 오래지 않아 교체되었고.

저기요, 세상에 당연한 것은 하나도 없거든요?

완벽하게 당연한 세상을 상상해보자. 모든 것이 인과관계와 경험치에 의해 예상 가능하다면? 편안하고 안심된다. 대화법을 공부하기 전에는 나도 당연하다는 믿음으로 상대를 바라봤다. 대화가 더 효율적으로 느껴졌다. MBTI나 혈액형, 애니어그램 등을 물어보는 것도 비슷한 이유다. 상대에 대해 알고 싶지만 방법을 잘 모를 때 우리는 유형이나 패턴, 통계, 경향 같은 것에 기댄다. 과거 경험이나 학력 같은 조건도 마찬가지다.

예전엔 정보를 꼬치꼬치 캐묻는 사람을 만나면 불쾌했다. 하지만 이제는 안타깝고 씁쓸하다. 상대를 파악하고 싶지만 어떻게 해야 하는지 몰라서 불안한 사람이 보인다. 한 존재와 관계를 쌓기 위해 정성 들일 마음은 없는 무성의함 혹은 진심이지만 방법을 몰라 애쓰는 모습을 담담히 지켜본다.

당연함을 품고 사는 사람은 부탁도 강요가 되기 쉽다.

부탁(속마음)

- 쓰레기를 지금 내놓아줄 수 있어?(쓰레기를 내놓는 일은 네 몫이야.)
- 밥 좀 줘.(밥은 당연히 아내가 차려야지.)
- 이 일 좀 부탁하네.(부하 직원이면 그 정도는 해야지.)

괄호 속 생각처럼 당연하다는 마음으로 부탁하면 상대가 부탁에 응하지 않을 때 비난하게 된다. 화가 나고 불편하다. 내 욕구를 표현하면서 상대의 욕구까지 존중할 때 진정한 부탁을 할 수 있다.

- 쓰레기를 지금 내놓아줄 수 있어? 깨끗한 환경에서 함께 편안하게 있고 싶어.
- 당신은 밥을 준비하고 나는 집안 정리를 하면 어떨까? 둘 다 피곤하니까 조금이라도 빨리 여유로운 시간 가지면 좋겠어. 당신의 도움과 협조가 필요해.
- 오늘 중에 서류 정리를 해주겠나. 부서 업무를 파악하는 과정이고, 잘 정리해놓으면 앞으로 부서원들이 일할 때 도움이 될 걸세.

부산에서 태어나 자란 남자라고 무조건 '싸나이'는 아니다. 서울에서 태어난 여자라고 다 '깍쟁이'는 아니다. '당연하다'는 굴레로 한 존재를 단정 짓는 이상 그 관계는 한 걸음도 더 나아가기 어렵다. 굳은 신념이나 당연함이 주는 안온함에 갇히지 말고 지금 여기 내 눈앞에 있는 상대를 보자.

지금 저 사람은 무엇을 원할까? 어떤 느낌일까? 모든 가능성을 열어두는 순간 관계에 생명력이 생긴다. 상대를 새롭게 발견하고, 두근거리고, 깊이 연결되어 찡한 경험을 할 수 있다.

눈을 돌려 내면을 돌아보자. 나 자신에게도 당연하다는 강요를 하고 있진 않은지 돌아보자. 여자니까, 한국 사람이니까, 무슨 대학을 나왔으니까, 나이가 몇 살이니까, 외모가 어떠어떠하니까, 무슨 직업을 가졌으니까, 무슨 혈액형이니까, MBTI 무슨 유형이니까, 애니어그램 몇 번 유형이니까…….

나의 여러 조건과 유형은 나를 잘 설명해주는 것 같지만 거기에 발목 잡혀 내가 성장하고 도전할 기회를 놓치고 있는지도 모른다.

나 자신에게 자유로운 사람은 더 이상 타인에게 당연함을 강요하지 않는다. 내가 나에게 무언가를 강요하지 않고 스스로 선택하는 기쁨을 안다면 다른 사람에게도 함부로 강요하지 않는다. 아무리 나이를 먹어도 '꼰대'가 되지 않는 비결이다.

단절

비극적이고 힘 빠지는 그 표현

비슷한 말이어도 묘하게 기분 나쁜 말이 있다. 프로그램을 만들면서 청취자들로부터 항의를 받았던 표현, 문제의 소지가 있어 편집했던 표현, 비폭력대화에서 '삶을 소외시키는 말'로 분류된 표현을 모았다. 이 말들을 걸러내고, 관찰과 거기에 대한 느낌과 욕구를 찾으면 내가 원하는 것을 알게 되고, 대화도 한결 평화로워진다.

도덕주의적 판단

타인의 행동에 대해 옳거나 그르다고 판단하는 표현이다. 가치관이나 평가 기준은 사람마다 다르다. 자신의 가치관이나 기준을 강요할 때 서로가 단절된다.

"그 사람은 편견에 가득 찼어."

➔ (관찰) 그 사람이 '여자 인생은 어떤 남자한테 시집가느냐에 달렸다'고 한 말을 들으니

(느낌) 화가 나고 답답해.

"넌 너무 이기적이라 문제야."

➔ (관찰) 당신이 신었던 양말이 화장대 위에 있는 걸 보니

(느낌) 짜증나고 지쳐.

(욕구) 당신이 협조해주어서 편안하게 지내고 싶어.

(부탁) 벗은 양말은 바로 빨래통에 넣어줄래?

책임을 부인하는 말

한 사람의 말과 행동은 그 사람의 선택이다. 그런데 '관료 용어'라고 부르는 표현은 이를 부인한다. 관료 용어를 사용하면 자신이 선택했다는 사실에서 분리된다. 결정에 대한 책임을 회피할 수 있다. 얼핏 안전하고 편안해 보이긴 하지만 말하는 사람과 듣는 사람 모두를 무기력하게 만든다. 삶의 모든 순간에 책임지는 용기를 잃는다. 그래서 관료 용어는 위험하다. 예를 들면 이런 것들이다.

- 막연하고 일반적인 이유: 해야만 하니까 내 방을 청소했다.
- 다른 사람의 행동: 아이가 찻길로 뛰어들어서 아이를 때렸다.

- 현재 상황 또는 진단, 개인적이거나 심리적인 내력: 알코올 중독자라서 술을 마신다.
- 권위자의 지시: 상관이 시켜서 고객에게 거짓말을 했다.
- 집단의 압력: 친구들은 모두 스마트폰이 있으니 나도 갖고 싶다.
- 제도적 정책, 규칙과 법규: 학교의 규칙이라 할 수 없이 그 학생을 정학시켰다.
- 성별이나 사회적 지위, 연령에 따른 소임: 하기 싫지만 처자식을 거느린 가장이니까 해야 한다. / 여자라면 요리는 웬만큼 해야지.
- 억제할 수 없는 충동: 나도 모르게 술을 엄청 마셨다.

비교

비교가 불행을 부른다는 사실은 많은 사람이 알고 있다. 비교당하면 불안해지고 긴장된다. 비교는 다른 존재와 나를 경쟁 상대로 만든다. 서로를 배려하거나 연민을 느끼기 힘들어진다. 비교하는 마음 없이 각자의 존재와 상황을 존중할 때 우리는 자유롭다.

비교가 나쁘다는 것을 알면서도 자꾸 사용하는 이유는 비교를 통해 상대가 자극받고 성장할 수 있다고 믿기 때문이다. 그러나 성장은 비교가 아니라 존중과 믿음에서 자란다.

"넌 왜 개보다 못하니?"

"엄마 친구 아들은 이번에 서울대에 들어갔다는데 넌 왜 이 모양이니?"

"○○이네 집은 이번에 외제차 샀는데 우리 집은 왜 오래된 국산 차를 계속 타야 해?"

부정적인 말

부정적인 말을 하면 변화의 가능성이 닫혀 말하는 사람도, 듣는 사람도 좌절한다. 그래서 많은 대화법 책에 부정적인 말은 하지 말라는 팁이 등장한다. 하지만 아무리 하지 않으려고 노력해도 그 표현을 하게 된 과정을 이해하지 않으면 무심코 입 밖으로 나오기 마련이다.

누군가 부정적인 말을 하면 그 뒤의 좌절된 욕구를 찾아보자. 조언하거나(예: 넌 애가 그렇게 부정적이니 될 일도 안 되지.)이나 수단과 방법을 제시(예: 아니야, 이렇게 하면 해결될 거야.)하거나 가짜 공감을 해주며 피하는 것(예: 그렇게 생각할 수도 있지.)은 별 소용이 없다. 느낌과 욕구가 무엇인지를 알 때 말하는 나도, 상대방도 진짜 원하는 것을 찾아 연결된다.

어차피

"어차피 이렇게 일해봤자 카드빚이나 갚다 죽는 거지 뭐!"

➔ "난 내가 하는 일이 의미 있고 재밌으면 좋겠어."

"어차피 연애까지 이어지기 어려운데 소개팅은 뭣 하러 해."

➔ "상대가 마음에 들면 연애로 이어지길 원해. 그렇지 않을까봐 걱정돼."

원래

"남자는 원래 그래."

➔ "이 남자는 다를 거라 기대했는데 실망스러워. 그가 지금과는 다르게 해주길 원해. 이 관계에 대해 기대되고 설레고 싶어."

뭐 있겠어?

"한국 사회가 뭐 희망이 있겠어?"

➔ "한국 사회가 더 나아질 거라는 희망을 갖고 싶어. 나에겐 변화와 성장이 중요해."

~나, ~라도

"농사나 지을걸."

"공부 안 하면 저렇게 청소나 하는 사람 되는 거야."

빈도 부사

과잉 일반화overgeneralization라는 심리학 용어가 있다. 인지 오류 중 하나로, 몇 번의 사례나 증거만 보고 마치 모든 것이 그런 것처럼 생각해버리는 편향된 사고방식이다.

'항상'이나 '늘' 같은 빈도 부사는 과잉 일반화이기 쉽다. 사람이 언제나, 매번, 꼭, 반드시, 무조건, 뭐든지 100% 어떠하기는 어렵다. '전혀', '절대로', '완전히', '한 번도', '결코'처럼 0%를 의미하는 빈도 부사도 마찬가지다.

빈도 부사가 쓰인 말을 들으면 억울하다. 몸 어디에선가 작은 불덩이가 피어오른다. 사실 관계를 따지고 싶고 ("내가 언제?" "항상은 아니야!" "전혀 안 한 건 아니야. 한 번은 했어!") 반발심이 든다. ("그러는 너는?" "선배는요?") 상대가 나를 왜곡하고 오해한다는 생각이 들어 불편하다. "응, 나는 늘 그렇지." "내가 하면 항상 엉망이 되지"라며 수긍할 사람은 거의 없다. '자주', '종종', '좀처럼' 같은 단어들도 뉘앙스에 따라 비슷한 결과를 낳는다.

빈도 부사를 쓰는 이유는 감정이 강조되기 때문이다. 상황을 확대해석해서라도 상대를 설득하고 마음을 이해받고 싶어서 우리는 빈도 부사를 선택한다. 하지만 단절과 갈등의 불씨가 될 뿐이다. 관찰을 통해 불필요한 빈도 부사만 걸러도 오해가 줄어든다.

"너는 '늘' 그런 식이야."

➔ "네가 지난주와 이번주 모두 연락 없이 모임에 나오지 않았어."

"당신은 설거지를 깔끔하게 한 적이 '한 번도' 없어."

➔ "당신이 설거지한 접시에 양념이 묻어 있어."

"넌 일을 '꼭' 그렇게 하더라."

➔ "오늘 네가 보낸 메일에 오타가 세 개 있어."

너는 말이야~ / 너 때문에

'너'로 시작하는 문장은 위험하다. 너에 대해 표현하고 싶다면 너를 보는 '나'를 주어로 시작하는 게 낫다. 널리 알려진 '나 대화법 I-Message'이다.

나 대화법에 대한 정보는 많지만 왜 주어를 '나'로 해야 하는지를 설명해주는 이는 흔치 않다. 어감이나 태도처럼 '느낌적인 느낌'으로 설명하는 경우가 많았다.

비폭력대화의 관점에서 보면 명확하다. 너로 시작하는 문장은 애초에 '관찰'이기 어렵다. 우리 모두는 자기 자신이 보고 들은 것에 대해 말할 수 있을 뿐 상대방이 보고 들은 것이나 의도를 정확히 알기 어렵다. 그래서 너에 대해 말하면 추측이나 판단, 평가가 들어가기 쉽다.

또 '너'를 주어로 말할 때 우리는 느낌에 대한 책임을 숨기기 쉽다. 우리 모두의 느낌은 우리 자신의 욕구에 뿌리를 두고 있다. 하지만 너를 주어로 말하면 내 감정의 원인을 상대에게 돌려 상대의 죄책감을 자극하고 나의 무고함을 강조하게 된다. 이런 말을 들은 상대는 억울하고 화가 나 서로 연결되는 대화를 나누기 어려워진다. 적어도 '나'로 시작하는 문장은 나의 느낌이자 내 판단이기 때문에 내용에 책임질 수 있다. '당신이 ~을 말했을 때', '당신이 ~했을 때'보다는 '내가 ~라는 말을 들었을 때', '내가 ~를 보았을 때'로 시작하면 도움이 된다.

연결

기운 나고 마음 따뜻해지는 그 표현들

폭력적이고 비극적인 표현을 대체할 말은 생각보다 찾기 어렵다. 그래서 들었을 때 기운이 나거나 청취자들이 위로와 공감을 받았다고 피드백을 보내오면 그 순간을 놓치지 않으려고 애쓴다. 어떤 표현 때문인지 살펴서 적어둔다. 나의 언어로 만들기 위해 틈틈이 써본다. 그렇게 모아둔 연결의 표현을 나눈다.

느낌 물어보기 / 표현하기

느낌을 묻고 표현하면 대화 당사자들이 생각(판단, 평가)을 멈추고 '지금 여기'로 돌아온다. 대화에 생명력이 깃든다.

"지금 많이 긴장되세요? 같이 심호흡 한 번 해볼까요?" / "당황스럽고 슬퍼요."

"그 말을 하니까 기분이 어떤가요?" / "홀가분해요."

"그 일을 떠올리면 지금, 어떤 느낌이 드세요? / "지금도 몸이 부들부들 떨리고 화가 나요."

욕구 물어보기 / 표현하기

정보와 수단, 방법에 대한 시시비비로 대화가 겉돌 때 욕구가 무엇인지를 살피는 표현을 주고받아보자. 군더더기와 화려한 수사로 가려져 있던 대화의 핵심이 눈앞에 펼쳐질 것이다. 일상어로 상대의 욕구가 무엇인지 물어보는 표현도 마찬가지다.

욕구 물어보기

"너한테 뭐가 중요해?"

"지금 너에게 필요한 걸 말해줄 수 있어?"

욕구 단어를 일상어로 풀어서 표현하기

"네가 스스로 선택하고 싶은 거야?"(자율성)

"뭐가 언제 어떻게 진행될지 미리 알고 싶어? 그러면 안심이 되겠어?"(예측 가능성)

"같이 하고 싶어?"(참여)

"새롭고 재밌는 걸 경험하고 싶어?"(자극)

"네가 내게 얼마나 중요한 사람인지 알아줬으면 해?"(인정)

"모두가 함께하기를 원해?"(협조)

"마음에서 우러나오는 대로 행동하고 싶은 거야?"(진정성)

연결 부탁

일방적으로 흐르던 대화를 전환시키는 질문이다. 서로의 느낌을 넘겨짚지 않고 분명하게 확인한다는 점에서 오해가 확실히 줄어든다.

"내 말을 들으니까 어때?"

"어떤 느낌이 드는지 말해줄 수 있어?"

"내 이야기가 어떻게 들려?"

당신이 더 편안해지도록 / 행복해지도록 내가 어떻게 도울 수 있을까?

나와 남편이 매일 한 번씩 서로에게 하는 말이다. 맞다. 나도 닭살 돋고 어색하다. 하지만 사랑하고 아끼는 사람이 있다면 눈 딱 감고 한 번만 해보길 권한다. 효과가 강력하다.

이 질문이 좋은 이유는 백 가지쯤 있지만 대표적인 이유 두 가지만 꼽아본다. 첫 번째는 누군가가 나의 편안함과 행복을 위해 노력하겠다는 의지를 갖고 있음을 확인할 수 있어서이고, 두 번째는 그걸 직접 표현해줬다는 자체가 큰 선물이기 때문이다. 저렇게 물으면 대답으로 어마어마한 부탁(명품 가방을 사달라거나)이 돌아올까 두렵겠지만 (실제로 그럴 수도 있다.) 대부분 "뭘 돕긴 도와. 사고나 치지 마" 또는 "아침부터 무슨 꿍꿍이야?"라는 반응이 돌아온다. 이런 말을 들어본 경험이 많지 않으니 민망하고 어색해서다. 하지만 돌아서는 상대의 얼굴은 미소를 띨 확률이 높다.

원하는 것을 실현하기 위해 구체적으로 어떤 행동을 할 수 있을까에 집중하는 것만으로도 에너지가 샘솟는다. 그래서 이 질문은 나 자신에게도 자주 한다. "진희야, 네가 더 편안하고 행복해지도록 어떻게 도울 수 있을까?" 이렇게 물으며 마음속 램프의 요정 지니를 불러낸다. 내 욕구와 그걸 충족시키기 위한 구체적 방법을 떠올린다.

동적으로 표현하기

우리는 살아 숨 쉬는 존재다. 계속 움직인다. 시간도 마찬가지다. 계속 흐른다. 하지만 말은 사람도, 시간도 박제처럼 굳혀서 정지 상태로 만든다. 변화하는 존재를 고정적으로 표현하면 많은 오해와 갈등이 생긴다. 정적 표현으로 상대를 판단하고 단정 짓기보다 동적 표현으로 지금의 상태에 집중하면 오해가 줄어든다.

정적인 표현을 들었을 때와 동적인 표현을 들었을 때를 각각 상상해보자. 어느 쪽이 더 편안한가? 몸의 반응을 살펴보자.

감정	정적인 표현(지양)	동적인 표현(추천)
화남	넌 화를 잘 내는 사람이구나.	(지금) 화났어?
수줍음	너는 내성적이고 수줍은 성격인가봐	(지금) 부끄러워?
우울함	너 우울증이야?	오늘 좀 우울해?
자신감	넌 자신감 넘치는 아이구나.	이 일이 자신 있어?
동의	그게 맞아.	나도 그렇게 생각해.
배려	넌 친절한 애구나.	물을 떠다 줘서 고마워. (구체적인 행동과 그에 대한 감정)

5장

함께, 상처를 회복하다

홀로 이길까,
같이 평화로울까?

대화법을 공부하기 전, 나는 사다리에 올라탄 기분이었다. 붙잡아 주는 사람은 아무도 없고, 떨어지면 끝일 것만 같았고, 내가 옳다는 걸 증명해서 한 칸 한 칸 올라가야 한다고 믿었다. 매사에 누가 옳고 그른지를 판단하느라 바빴다. 일기는 '정상-비정상', '무언가를 해야만 해.', '무언가를 하는 게 당연해' 같은 문장들로 채워졌다. 빡빡하고 외로웠다.

남들은 나 같지 않다고 느낄 때마다 화가 났다. 대화는 언제나 승부였다. 설득해서 상대가 내 뜻대로 하게 만들거나 내가 포기하고 인정해서 상대의 뜻대로 하거나 둘 중 하나였다. 관계가 원만하게 이어질 리 없었다.

나는 왜 이렇게 살게 되었을까? 양육 환경이나 기질 등 여러 이유가 있겠지만 돌아보면 '교육'의 영향이 컸다. 이렇게 하지 않으면 살아남기 힘들다고 학교와 매체가 끊임없이 겁을 줬다. 시키는 대로, 하라는 대로 열심히 했다. 남을 이기고 성취해야 성공하고 안전해진다고 믿었다.

세상을 보는 시각에 따라 언어와 감정이 변한다. '이기는 대화법', '만만하게 보이지 않는 대화법', '상대방이 절대 거절하지 못하는 대화법' 같은 책이 늘 서점의 평대에 올라 있는 것을 보면 비슷한 고민을 하는 사람이 많아 보인다.

대화법 공부는 단순히 말투를 바꾸는 과정이 아니다. 느낌과 욕구를 알아채고, 그에 맞는 언어를 찾아내고, 더 나아가 삶과 사람에 대한 입장을 새롭게 세우는 일이다. 갈등이 벌어질 때 비폭력대화는 이렇게 묻는다.

"전쟁을 연습하는가, 평화를 연습하는가?"

비폭력대화를 하다 보면 이 질문이 상황마다 조금씩 모양을 바꾸어 늘 따라다닌다.

당장 이기고 싶은가, 아니면 진정한 해결책을 찾고 싶은가?

옳고 싶은가, 아니면 자유롭고 싶은가?

홀로 이기고 싶은가, 아니면 같이 평화롭고 싶은가?

이기니까 행복하세요?

대화법을 공부하며 심해진 버릇이 있다. 다른 사람들의 대화 엿듣기다. 하면 안 되는 걸 알면서도 카페나 식당에서 언성이 높아지면 나도 모르게 귀가 솔깃하다. 어떤 갈등인지, 그걸 어떻게 다루는지 궁금해서다.

들어보면 대부분 한쪽은 "내가 맞는데 왜 너는 순순히 인정하지 않냐"며 분함을 토하고, 다른 한쪽은 "네 말이 맞지만 내 마음이 상했는데 왜 그걸 알아주지 않는 거냐"며 서운해한다. 분노와 서운함의 팽팽한 대결은 종종 단념이나 (뒤끝 있는) 양보로 끝난다. 옳다고 인정받기를 포기하거나 공감 받고 싶은 마음을 내려놓아야 끝난다. 포기한 사람은 짜증이 나고, 억울하고, 서럽다. 이런 패턴을 반복하면 서로 따뜻하게 연결되기 어렵다.

늘 상상뿐이지만 다가가서 "상대가 옳다는 걸 수긍하면 행복하시겠어요?"라고 묻고 싶을 때가 많다. '내가 옳다'는 사실은 관계가 나아지거나 문제를 해결하는 데 큰 도움이 되지 않기 때문이다. 이런 싸움은 이길수록 지는 싸움이다.

대화의 목적이 마치 끝장 토론처럼 상대를 굴복시키는 것이라면 그 대화는 전쟁일 수밖에 없다. 옳고 그름을 따지는 게 중요하지 않다는 게 아니다. 잘잘못을 따지느라 상대에 대한 존중과 관계를 아끼는 마음을 놓치고 있진 않은지 늘 신경 써야 한다는 말이다. 존중과 연결이 전제된다면 언성을 높이지 않아도 함께 해결책을 찾을 수 있다.

대화에서 이기고 싶다는 마음이 들 때, 느낌과 욕구로 돌아가 본다.

나는 내가 잘 알고 있다는 걸 인정받고 싶고, 존중받고 싶구나. 우리가 이 상황을 동일하게 이해하길 원해. 효능감도 느끼고 싶어. 그러면 안심되고 뿌듯할 것 같아.

내 느낌과 욕구를 붙잡고 상대를 보자. 대상이나 목적으로서의 사람이 아니라 공감 받고 싶은 한 사람이 있다.

저 사람은 나와 연결되고 싶구나. 자기 감정이 있는 그대로 수용되길 원하네. 나와 마찬가지로 이 갈등을 잘 다뤄서 다시 편안하고 재밌고 따뜻한 상태가 되길 원해. 존중이 중요할 거야.

욕구로 연결되면, 같이 평화롭기를 선택하면, 우리는 서로 뺏고 빼앗기는 적이 아니라 각자의 욕구를 함께 돌보는 동료가 된다. 어떤 태도로 대화에 임할지 우리는 늘 선택할 수 있다.

자극과 반응 사이에 거리를 두다

'위잉~'

파리 한 마리가 날아든다. 손으로 쫓는데도 자꾸 눈앞과 귓전을 맴돈다. 그날의 나는 무기력하고 우울했다. 안 그래도 힘든데 파리까지 나를 우습게 보는 것 같아 화가 치밀었다.

"저리 가라고! 나한테 왜 이러는 거야!"

크게 외치며 손을 휘휘 젓는데 목이 멘다. 감지 않은 머리에서 냄새가 나고 파리가 날 만만하게 여겨서 내 주변을 맴도는 것 같다. 쫓으면 날아가는 듯하다가 조금 있으면 또 달려들었다.

이날 이후, 사소한 자극에 유달리 힘들어하는 나를 스스로 '똥파리 상태'라고 부른다. 내놓자니 민망하지만 누구나 똥파리 상태일 때가 있을 것이다. 지치고, 우울하고, 마음 근육이 다 풀어졌을 때마다 똥파리는 어김없이 날아든다. 누군가의 날카로운 말과 무심한 행동 하나하나가 파리처럼 꼬여 감정을 마구 헝클어뜨린다.

그럴 때 할 수 있는 가장 쉬운 선택은 상대나 환경을 탓하는 것이다. 내가 파리에게 모든 자격지심과 원망을 쏟아냈듯 말이다. 파리뿐일까? 가깝게는 가족과 친구와 동료, 멀게는 나라와 회사, 그리고 대통령까지 원망할 대상은 언제 어디서든 찾을 수 있다. "너 때문에 내가 하루도 편할 날이 없어." "결혼만 잘했어도 내 인생이 훨씬 행복했을 텐데"처럼 많은 말 속에 남과 상황에 대한 원망이 담긴다.

비폭력대화 중재mediation 과정을 공부하며 이 문장을 만났다. 똥파리 상태를 떠올리며 한 줄 한 줄 읽어 내려간다.

자극과 반응 사이에는 공간이 있다.
그 공간에는 우리의 반응을 선택하는 자유와 힘이 있다.
우리의 반응에 우리의 성장과 행복이 달려 있다.

오스트리아의 신경학자이자 심리학자인 빅터 프랭클Viktor Frankl의 책《빅터 프랭클의 죽음의 수용소에서Man's Search for Meaning》(청아출판사)의 한 대목이다. 그는 홀로코스트 생존자 중 한 명이다. 이 책은 비유가 아닌, 실제 죽음의 강제 수용소에서 그가 했던 경험을 담고 있다. 서술이 건조하고 담담한데도 너무나 고통스럽고 참혹하다. 도대체 이런 생활을 하면서 무슨 자유와 힘이 있다는 거지? 당장 살지 죽을지도 모르는데 성장과 행복이라니 도대체 가능키나 한 건가? 세기의 정신 승리 아닌가? 불편한 마음을 꾹꾹 누르며 첫 문장으로 돌아갔다.

자극과 반응 사이에는 공간이 있다

뒤통수를 맞은 것 같았다. 그동안 나는 '누구' 때문에, '무엇' 때문에 이렇게 반응할 수밖에 없다고 믿었다. 자극은 곧 반응이었다. 단단한 인과관계가 그 둘을 묶고 있어서 조금의 공간도 여유도 없었다.

자극에 재빨리 반응하는 이유는 살아남기 위해서라고 한다. 원시시대의 습성이다. 우리 조상들이 자연재해나 포식자 앞에서 할 수 있는 선택은 세 가지였다. 얼어붙거나freeze, 싸우거나fight, 자리를 피하거나flight. 홍수나 가뭄 앞에서는 속수무책이었을 테고, 맹수를 만나면 맞서거나 빨리 도망갔을 것이다.

자극에 대한 우리의 반응도 크게 다르지 않다. "아니 어떻게 저런 말을?" 하면서 말문이 막히거나freeze, "뭐라고요?"라고 화내며 한판 붙거나fight, "별꼴을 다 보겠네"라며 자리를 피한다flight. 위기라고 느껴지면 자연스럽게 튀어나오는 생존 본능이다.

이 방식은 최소한 살아남을 수는 있지만 갈등을 해결하거나 나를 제대로 표현하는 데는 도움이 되지 않는다. 얼어붙거나 자리를 피하고 나선 '아! 이렇게 말했어야 했는데!' 싶어 며칠을 후회한다.

다른 사람의 말이나 행동, 환경이나 상황은 분명히 우리에게 자극을 준다. 하지만 거기에 대해 어떻게 반응할 것인지는 우리의 선택이다. 자극과 반응 사이에 시간적인 여유를 둘지, 어떤 표정으로 어떤 말을 할지 모두 결정할 수 있다. 그렇게 해볼 생각을 하지 못하고, 연습한 적이 없었을 뿐이다. '감히 나를 자극했어?'라면서 본능적으로, 습관적으로 반응하며 살았다. 하지만 자극과 반응 사이에 공간을 두고 반응을 선택하며 그 결과에 책임질 때 우리는 성장한다.

빅터 프랭클은 자신의 삶으로 이 사실을 증명했다. 그는 수용소 생활을 하면서 사람들의 대처와 반응을 관찰했고, 그 결과를 토대로 의미치료logotherapy를 만든다. 같은 고통을 경험했지만 누군가는 압도되거나 증폭시키며 여생을 살고, 누군가는 그 고통을 토대로 다른 사람들에게 도움이 되는 이론을 개발한다.

오늘도 여전히 파리가 날아든다. 파리를 관찰한다. 두 바퀴 반째 돌고 있다. 귓전에 '위잉~'소리가 들린다. 귀찮고 불편하다. 기운이 닿으면 파리채로 '찹!' 하고 잡는다. 기운이 없으면 손으로 쫓고 말지만 적어도 파리를 쫓다 울먹이진 않는다.

비폭력대화는 단순한 화술이 아니다. 자극과 반응 사이에 거리를 두겠다는 의지, 대화를 습관이 아니라 의식적으로 선택하는 태도다.

나에 대한 이야기가 아니다

수십 년 전 들었어도 어떤 말은 생생하게 떠오른다. 나는 아직 기억한다. 채 스무 살도 되기 전에, 엄마가 내게 했던 말이다.

"너는 세 치 혀로 사람도 죽일 수 있는 년이야."

가장 가까운 양육자에게 들은 말인 만큼 효과는 오래가고 강력했다. 부당한 일에 항의하다가도, 남자친구와 싸우다가도 저 말이 떠오르는 순간이면 저절로 입이 다물어졌다. 말로 남을 해치는 괴물이 되느니 그냥 참자고 생각했다. 그렇게 목소리를 낮추고 내 느낌과 욕구를 무시하며 살았다.

상처가 마음에 차곡차곡 쌓여 자격지심이 되고 피해 의식이 되어 나를 뒤틀었다. 누군가와 관계를 발전시켜 나가고, 무언가 도전해보려는 용기가 움틀 즈음 어김없이 나타나 내 발목을 잡았다. 주변이 낭떠러지와 천장으로 막힌 것 같았다. 천장은 점점 낮아지고, 발아래는 조금씩 허물어져서 디딜 곳이 점점 좁아졌다.

이 문제를 어떻게 다뤄야 하나 오랜 시간 고민했다. 책을 읽고 강의를 찾아 들었다. 상담을 받을 때도 상당한 시간을 여기 할애했다. 원인은 소심하고 예민한 성격, 무심하고 거친 상대방, 그리고 잘 맞지 않는 기질과 환경 등이었다.

탁월하고 정확한 분석은 많았다. 하지만 시원한 해결책은 찾기 어려웠다. 상대의 말을 무시하라는데 무시가 되지 않고, 성격을 바꾸라는데 바뀌지 않고, 다르게 생각해보라는데 힘들었다. 이렇게 헤매는 와중에도 말 상처는 꾸준하고 강력했다. 원인을 찾고 해결하는 것도 여력이 있어야 가능하다. 그렇지 않을 때는 그저 생기는 상처를 보듬기에 급급했다.

다람쥐 쳇바퀴를 돌다가 문득문득 출구로 향하는 순간이 있었다. 간호사 브로니 웨어Bronnie Ware가 쓴《내가 원하는 삶을 살았더라면》을 읽었던 날이 그랬다. "수년간 상처를 주었던 말들이 그 말을 내뱉은 사람으로부터 나온 것이 아니라 그들의 상처에서 나온 것"이라는 말이 나에겐 출구였다.

브로니 웨어는 호주의 한 요양원에서 시한부 환자들을 돌보며 그들에게 지난 삶에서 무엇이 가장 후회되는지를 물었다.

많은 이들이 그간 받은 말 상처가, 실은 말을 내뱉은 이들의 상처에서 나온 것임을 깨달았다고 한다. 그제야 순수한 존재로서의 상대방이 보이고, 그 순수함이 삶의 고통으로 흐려졌음을 함께 안타까워했다. 그러다 보면 어느새 자신이 받은 말 상처가 치유되는 것을 발견한다. 서로의 상처와 욕구를 이해할 때 상처는 애쓸 필요 없이 그저 순순히 치료된다.

비폭력대화를 만든 마셜도 같은 시각을 가지고 있다. 그가 극단적인 폭력의 현장에서도 연민을 잃지 않은 비결은 폭력 이면의 상처를 들여다보았기 때문이다.

나를 비난하는데
내 얘기가 아니라고?

상대가 분명히 내게 상처를 줬는데 무슨 말이냐고 되묻는 소리가 들린다. 나는 내가 언제 타인에게 말 상처를 주는지를 돌아보며 이 말에 공감하게 되었다.

많은 사람이 이해받고 싶고, 연결되고 싶고, 사랑받고 싶고, 인정받고 싶어 한다. 심각하고 복잡해 보이는 갈등도 대부분 이런 욕구가 뿌리에 있다. 그런데 그 욕구를 있는 그대로 표현하지 못하고 분노와 원망과 비난의 말로 드러낸다. 다른 방법을 배우지 못했기 때문이다. 상처 받고, 그 상처를 돌보지 못한 채 산다. 나도 마찬가지였다. 내가 상대를 공격하고 비난하는 말은 충족되지 않은 내 욕구, 상처들이 아우성치는 소리였다.

상대가 아무리 폭력적인 말을 해도 나에 관한 것이 아니라는 말을 이해하는 순간 묵은 눈물이 쏟아졌다. 그 상처에 발목 잡혀 상대를 원망하고, 때로는 자책하고, 후회할 일을 반복했던 시간이 얼마나 아까운지 모르겠다. 상처를 떠나보내지 못하고 같은 말을 주섬주섬 주워서 다시 내 가슴에 꽂은 내가 안타까웠다.

십 대의 막바지, 내게 "너는 세 치 혀로 사람도 죽일 수 있는 년"이라고 말한 엄마가 실은 무슨 말을 하고 싶었는지 이제야 조금 알 것 같다.

"네 말을 들으니 너무너무 아프고 속상해."
"엄마는 너를 잘 이해하고 싶어."
"네가 말할 때, 엄마를 존중해주길 원해."
"너와 안전하게 대화하고 싶어."
"우리가 서로 공감하고 위로하는 사이가 됐으면 해."
"네가 마음을 그런 말들로 표현하는 게 걱정돼."

엄마의 비극적 표현은 '나에 대한 이야기'가 아니었다. 지금의 내 나이보다도 어렸던 엄마가 날선 수험생 딸의 말에 얼마나 상처받았는지, 가족들 뒷바라지하느라 채워지지 않는 욕구가 얼마나 많았는지, 내가 얼마나 염려되는지 외치고 있었던 거다.

엄마의 상처와 욕구를 알고 난 뒤로 저 말은 더 이상 나를 옭아매지 못한다. 지금의 나는 세 치 혀로 사람을 돌보는 사람이 되려고 애쓰고 있다.

그 말이 '부탁' 이라고?

급한 일이 있어 택시를 잡았다. "쾅!" 타면서 문을 조심히 닫는다고 닫았는데, 나도 놀랄 만큼 소리가 컸다. 차가 오래되어 문이 헐거웠나 보다. 아니나 다를까 기사님이 한마디 했다.

"더 세게 닫아야지 그렇게 닫아서 문이 부숴지겠어?"

나름 농담이라고 하신 것 같은데, 듣는 순간 기분이 좋지 않았다. 대뜸 반말을 들으니 당황스럽기도 했다. 일부러 세게 닫은 것도 아니고, 차를 관리해야 하는 책임은 본인에게 있지 않은가. 쏘아붙이는 것 같아 언짢고, 나이 많은 남자에게도 저럴까 싶어 불쾌하기까지 했다.

비폭력대화를 만든 마셜 로젠버그는 사람들의 말을 공감과 연민의 마음으로 들으면 결국 두 가지로 수렴된다고 했다. 그 두 가지는 '부탁합니다please'와 '고맙습니다thank you'이다. 상대가 나에게 불편한 말을 쏟아내도, 상황이 비극적으로 망가지는 걸 상상해도 실은 무언가를 요청하고 있다는 뜻이다.

택시 기사님은 무슨 말을 하고 싶었던 걸까? "문 닫는 소리가 커서 놀랐습니다. 존중받으며 편안하게 운전하고 싶습니다. 이 차는 내 생계 수단이기도 하니 소중하게 다뤄주면 좋겠습니다"라고 부탁please 하는 마음이었으리라 짐작한다.

그러면서 기사님이 왜 "더 세게 닫아야지 그렇게 닫아서 문이 부숴지겠어?"라고 말했을지 추측해본다. 부끄럽고 어색해서? 강하게 말해야 상대가 알아듣는다는 생각에? 제압하기 위해서?

말은 성격, 상황, 관계, 문화적 배경 등 여러 요소에 영향을 받는 만큼 다양한 이유가 있을 것이다. 어쩌면 살면서 그런 식의 말만 듣고 배워왔는지도 모른다. 나 역시 대화법을 배우기 전엔 원하는 것을 적절하게 드러내는 방법을 몰랐다. 비극적이고, 때론 빈정거리며 거칠게 말해야 진심이 전달된다고 믿었다. 지금도 조금만 방심하면 예전 습관이 고개를 든다.

혹시 내가 '부탁합니다please' 혹은 '고맙습니다thank you'를 비뚤게 표현한 적은 없었는지 기억을 더듬어 본다. 누군가의 선물에 "돈도 없으면서 어쩌려고 이런 걸 샀어?"라고 반응했다. 상대는 당황하고 실망했다. 내가 하고 싶은 말은 "너의 카드 값이 걱정돼. 하지만 선물이 정말 마음에 들어. 고마워"였다. 또 누군가에게는 "카톡에서는 약속 시간이나 팩트만 이야기하자"라고 답했다가 사이가 멀어지기도 했다. 내가 원하는 것을 제대로 표현하려면 "메시지를 주고받으며 오해가 생길까봐 염려돼. 마음을 나누는 시간은 직접 만나서 가졌으면 하는데 시간 내줄 수 있어?"라고 말했어야 했다. 이 외에도 끝없이 떠오르지만, 그중에 어떤 표현 하나가 유달리 마음에 걸린다.

"그냥 내가 알아서 할게."

나는 이 말을 어린 시절에는 부모님에게, 커서는 친구와 동료와 남편에게 자주 했다. 내가 힘들어 보이거나 도움이 필요해 보여서 상대방이 "도와줄까?" "너 괜찮은 거야?"라고 물으면 우물쭈물하다 저 말로 대화를 끝맺었다.

부모님에게 학교생활의 문제나 친구 관계를 말해봐야 소용없다고 생각했다. 어른이 된 뒤에는 주변 사람에게 폐를 끼치지 않고 싶어서 저 말을 했다. 이 말의 힘은 제법 강력해서 내가 저 말을 하면 사람들은 그런가 보다 하며 곁을 떠났다. 그 후엔 내가 말한 대로 혼자 알아서 하는데도 전혀 즐겁거나 보람차지 않았다. 서러워서 눈물이 차오르기도 했다.

처음으로 이 말을 들여다보았다. 어떤 때는 "내 뜻을 존중해줘"였고, 또 어떤 때는 "너무 외로워. 날 좀 공감해줘"였으며, 많은 경우 "버거워. 혼자는 힘드니까 나를 도와줘"였다. 나는 존중받고 싶었고, 위로와 공감이 필요했다. 그 어느 때보다도 도움과 지지가 필요했다. 차갑고 매몰찬 거절의 말이 실은 뜨겁고 절실한 부탁please이었다.

타인의 말뿐 아니라 나 자신의 말도 이렇게 통역기를 장착하고 들으면 달리 들린다. 원하는 것을 알아채고 돌볼 힘이 생긴다. 불필요한 감정 소모가 줄어든다. 통역이 습관이 되면 다르게 듣는 것은 물론이고 다르게 말할 수도 있다.

그렇다면 어떻게 '부탁합니다please' 혹은 '고맙습니다thank you'를 알아들을 수 있을까?

비폭력대화 통역기를 장착하려면

비폭력대화 통역기는 이렇게 작동한다.

❶ 불편한 말을 들었을 때 떠오르는 자동적 생각(판단, 평가, 비난 등)을 알아차린다.

❷ 상대의 말이 요청please 혹은 감사thank you의 다른 표현이라는 것을 상기한다.

❸ 상대가 원하는 것이 무엇인지 욕구 차원에서 살펴본다. 떠오르지 않는다면 상대의 느낌을 추측해보는 것이 도움이 된다.

택시 안으로 돌아가 보자.

❶ "뭐? '더 세게 닫아야지. 그렇게 닫아서 문이 부숴지겠어?'라고? 이봐요, 아저씨! 서비스 정신이라고 들어보셨어요? 나도 나이 먹을 만큼 먹었는데 언제 봤다고 대뜸 반말이세요? 내가 우습게 보여요? 무시하는 거예요?"라는 판단과 비난이 올라오네. 휴우~.
❷ 기사님은 나에게 무언가를 요청하고 계셔.
❸ 차 안에서 많은 시간을 보내니 답답하시겠구나. 기사님과 이 차를 함부로 대하는 사람들이 많아 속상하신가? 닫는 소리가 크긴 컸지. 불편함을 저런 식으로 표현하는 분인가 보다.

그런데 이 모든 과정에 앞서 통역기의 연료가 되는 중요한 조건이 하나 있다. 상대의 말을 머리가 아닌 가슴으로 듣는 마음이다. 내 돈 내고 타면서 기사님에게까지 공감해줘야 하나 불만이 가득한 상태라면 통역은커녕 싸움만 나지 않아도 다행이다.

상대의 말을 가슴으로 듣겠다는 마음은 깊은 자기 공감에 뿌리를 둔다. 내가 충분한 에너지와 연민의 마음을 가져야 통역기가 돌아간다.

급한 일 때문에 택시를 탔지만 적어도 택시 안에서의 시간이 평화롭길 원했다. 기사님의 말에 똑같이 비극적으로 날을 세워 대응하고 싶지 않았다. 그렇지만 내가 원하는 것을 표현하고 싶었다. 여력이 되는 한 기사님께 공감해주고, 적어도 나 자신에게 공감해서 마음이 편안해지는 게 중요했다. 그러자 비로소 기사님의 느낌과 욕구가 보였다.

많은 사람이 비폭력대화를 배우지만 막상 대화할 때는 반영되지 않아 낙심한다. 왜일까? 네 가지 기본 요소인 '관찰-느낌-욕구-부탁'을 달달 외워도 소용없다. 뭐가 모자라서일까? 내 경우 자기 공감이 충분히 되지 않아 억울(아니, 왜 나만 계속 공감해줘야 해?)하거나 지쳤을 때(아휴, 공감이고 뭐고 모르겠다. 그냥 쉬고 싶다.) 같은 경험을 한다. 충분한 연료가 없는 것이다.

내 몸과 마음부터 충분히 돌보고 보듬어야 공감 통역기가 돌아간다. 어떻게 근사한 표현을 익힐까 고민하기에 앞서 나에게 공감하는 일이 먼저다. 그러고 나면 애써 통역기를 끼지 않아도 들린다. 비극적인 표현에 담긴 상대의 요청과 감사가.

자기 공감 프로세스

대화법에 관심을 갖는 당신이 어떤 변화를 기대하는지 궁금하다. 자녀와 속 깊은 대화를 나누고 싶은 부모, 조직에서 자신 있게 내 의견을 표현하고 싶은 직장인, 파트너와 더 의미 있게 연결되고 싶은 사람, 그리고 아픔을 치유하고 싶은 사람까지 다양한 목적과 얼굴이 떠오른다.

자기표현을 잘하고 싶은 사람도, 공감을 잘하고 싶은 사람도, 말 상처를 돌보고 싶은 사람도 시작점은 같다. 자기 연민을 기르고 스스로 공감해주는 일이 첫걸음이다. 이 과정을 거치지 않고 섣불리 남에게 공감하거나, 자기표현을 하거나, 말 상처를 들여다본다면 생각만큼 잘되지 않는다. 소모적인 대화를 나눈 뒤 오히려 이전보다 더 공허해지기 쉽다.

비즈니스 컨설턴트 브라이언 트레이시Brian Tracy는 여러 책과 강의에서 "당신이 가지지 않은 것은 줄 수 없다"라고 강조했다. 자기 공감을 하지 못한 사람이 갈등을 해결하고 타인의 상처를 공감해주겠다고 덤비면 큰 대가가 따르기 마련이다.

비폭력대화로 자기 자신을 돌볼 수 있다. 이른바 자기 공감 프로세스인데, 이 프로세스를 하면서 나는 이런 욕구들이 충족되었다.

- 회복: 자책은 무기력으로 이어지기 쉽다. 이 프로세스를 통해 자책에서 벗어나 비슷한 상황에서 다르게 말하거나 행동할 수 있다. 타인의 욕구를 배려하고, 스스로 선택하고 책임진다. 이 과정을 반복하며 타인의 평가나 칭찬이 아닌 내면의 힘을 기반으로 회복된다. 몸이 단단해지고 가슴이 펴진다. 느리고 깊게 숨을 쉰다.

- 명료함: 떠올리기 힘들어서 외면하던 문제들이 선명해 보인다. 왜 그때 그런 말과 행동을 했는지, 그 말과 행동을 두고 왜 스스로 질책했는지 직시한다. 개운하고 후련한 느낌이 들며 편안하다.

- 연민: 나 자신을 깊이 이해하고, 실수나 잘못을 충분히 애도하는 시간을 갖는다. 스스로를 용서하고 있는 그대로 받아들여 연민과 사랑이 회복된다. 다른 사람이 실수하거나 잘못했을 때도 너그럽게 바라볼 여유가 생긴다. 따뜻하고 충만한 느낌이 차오른다.

한 걸음, 한 걸음
자기 공감

#1. 후회하는 행동이나 말을 관찰로 쓴다.

- '그때 (그 사람에게 혹은 나 자신에게) 그렇게 하지 말았어야 했는데'라는 문장을 채워나간다고 생각하면 쉽다.
- 구체적이고 정확할수록 도움이 된다.

예 나는 "너만 아니면 내 삶이 완벽할 텐데"라고 말했다.

#2. 1번의 말이나 행동을 떠올릴 때 자기 비난과 변명, 평가 등을 쓴다.

- 최소 세 가지, 이 역시 구체적이고 생생하게 써야 한다.
- 내면의 교육자inccer educator가 하는 말

예 "넌 말로 상처를 주는 사람이야."

"넌 네 마음을 이런 식으로밖에 표현하지 못하니? 고작 이런 사람이 어디서 뭘 할 수 있겠어?"

"이렇게 사람에게 상처 줄 바엔 아무도 만나지 마."

"이렇게라도 표현하지 않았으면 미칠 것 같았어."

#3. 비난과 변명과 평가의 목소리에서 몇 걸음 떨어져 바라본다.

- 저 메시지들은 스스로 지어낸 생각이나 이야기임을 의식한다.
- '나는 자신에게 ~라고 말하고 있구나'라고 바꿔보면 도움이 된다.

예 "나는 자신에게 '넌 말로 상처를 주는 사람'이라고 말하고 있구나."
"나는 자신에게 '넌 네 마음을 이런 식으로밖에 표현하지 못하니? 고작 이런 사람이 어디서 뭘 할 수 있겠어?'라고 말하고 있구나."
"나는 자신에게 '이렇게 사람에게 상처 줄 바엔 아무도 만나지 말자'라고 말하고 있구나."
"나는 자신에게 '이렇게라도 표현하지 않았으면 미칠 것 같았어'라고 말하고 있구나."

#4. 하나하나의 메시지가 어떤 욕구를 표현한 것인지 찾는다.

- 그 욕구들이 충족되지 않은 것을 생각하면 어떤 느낌이 드는지 살핀다.
- 욕구와 느낌에 충분히 머문다.

예 "넌 말로 상처를 주는 사람이야.": 연결, 배려, 공감
"넌 네 마음을 이런 식으로밖에 표현하지 못하니? 고작 이런 사람이 어디서 뭘 할 수 있겠어?": 자기 신뢰, 지지, 친밀한 관계, 진실, 일치감
"이렇게 사람에게 상처 줄 바엔 아무도 만나지 말자.": 사랑, 애정, 자기 보호
"이렇게라도 표현하지 않았으면 미칠 것 같았어.": 자기 표현, 돌봄을 받음, 관심, 희망

#5. 욕구가 충족되지 않은 상태에서 그 욕구 자체의 아름다움으로 옮겨 간다.

- 머리보다 몸의 흐름에 따를 때 효과적이다.
- 후회되는 행동이나 말을 한 내가 어떤 욕구를 충족하고 싶었는지 의식한다. 내면의 선택자inner chooser와 만난다.

예 내가 내 욕구와 느낌을 스스로 믿고 지지한다면
내 고통을 상대에게 잘 전달되게 표현한다면
상대방과 친밀한 관계를 맺는다면, 그래서 사랑과 애정, 돌봄이 채워진다면
어떻게 상대와 연결되고 배려하며 공감하는지 내가 안다면

#6. 나에게 부탁하기

- 5번에서 찾은 욕구를 충족하기 위해 앞으로 어떻게 다르게 말하거나 행동할 수 있을지 찾아보고 구체적이고 긍정적으로 스스로에게 부탁한다.

예 말이 입 밖으로 나오기 전에 내 느낌과 욕구를 잘 붙잡자.

- 앞으로 관계가 소원해지고 절망스러울 때, 상대의 존재를 부정하며 비극적으로 표현하지 말고, 내 느낌과 원하는 것을 솔직하게 표현하자.
- '너와의 관계가 내 삶에서 정말 크고 중요해. 그런데 어떻게 회복할 수 있을지 모르겠어. 이 큰 외로움을 어떻게 다루어야 할지 막

막하고 답답해. 슬픔과 우울함을 혼자 견디기가 힘들어. 난 네 도움과 관심이 필요해'라고 말하고 싶었구나.

누구나 실수하고 잘못한다. 문제는 실수와 잘못 자체보다 그것들을 다루는 태도다. 실수와 잘못에서 생긴 상처는 숨기거나 외면한다고 사라지지 않는다. 덮어둔 상처는 예상하기 힘든 순간 튀어나와 발목을 잡는다. 반대로 자꾸 꺼내어 후회하는 것도 도움이 되지 않는다. 반복해 찌를수록 상처는 더 덧나고 깊어진다.

자기 공감 프로세스는 실수와 잘못으로 생긴 상처를 햇빛에 내놓고 약을 발라 치료하는 과정과 같다. 나 자신을 미워하거나 자존감을 잃지 않게 돕는다. 스스로 공감 받은 당신에게 과거의 실수와 잘못은 성장의 밑거름이 된다. 같은 잘못을 반복하지 않을 것이다.

비폭력대화를 나누고 싶다면

서점에 들러 대화법 책을 보고 있으면 어김없이 이런 대화가 들린다.

"이 책은 우리 부장이 읽어야 하는데."

"야, 이 책은 네가 봐야겠다. 선물해줄까?"

비폭력대화를 함께 배우는 사람들도 비슷한 이야기를 자주 한다.

"우리 엄마는 꼭 비폭력대화를 배우셔야 해요."

"남편이 비폭력대화를 하면 얼마나 좋을까요."

"아들이 이걸 공부하면 제가 참 행복해질 것 같아요."

친구, 부모, 연인, 남편, 직장 동료, 상사, 선생님, 자녀. 모두가 공부하고 노력해서 평화롭게 대화할 줄 안다면 참 좋겠다. 그럼 상처받을 걱정 없이 안전하게 지내게 될 테니 말이다. 심지어 힘들 때마다 주변 사람들이 양질의 공감을 충분히 해준다고 가정해보자. 상상만으로도 든든하고 행복하다.

안타깝게도 주변 사람들이 알아서 노력하고, 그 결과 공감 능력이 월등히 좋아지는 일은 쉽게 일어나지 않는다. 내가 '나는 그럭저럭 괜찮다' 혹은 '나만 노력하는 건 억울하다'고 생각하듯 다른 사람들도 '나는 잘하고 있고, 주변 사람이 바뀌어야 한다'고 생각하기 때문이다. 시급하게 대화법을 바꿔야 하는 사람일수록 이런 책을 읽지 않을 확률이 높다. 심지어 본인은 공감 능력이 뛰어나다거나 말재주가 뛰어나다고 믿으며 살고 있을지도 모른다. 그런 사람이 스스로 폭력성을 깨닫고 공감과 연결의 대화를 하게 만드는 건 거의 불가능에 가깝다.

비폭력대화가 너무 좋아서 누군가에게 권하고 싶을 때 나는 '공감 장애물'을 떠올린다. 상대가 요청하지 않았는데 조언해봐야 수용되지 않을 확률이 높다. 어디서 주워듣고 잘난 척한다며 상대가 불편해하지 않으면 다행이다. 아무리 좋은 대화법도, 좋은 책도, 최고의 강사도, 강의도 소용없다. 스스로 달라지겠다는 결심이 없다면 말이다.

나도 마찬가지였다. 비폭력대화를 공부해보라는 상담 선생님의 조언을 처음 들었을 때 한 귀로 듣고 한 귀로 흘렸다. '왜 나더러 그걸 하라고 하지? 내가 뭐 어때서?'라는 생각에 기분이 나빴다. 몇 년 뒤에야 대화 습관과 마음을 제대로 들여다봤다. 가까운 관계에 금이 가면서 도저히 이대로는 살 수 없다는 생각이 들었기 때문이다.

하루아침에 변화가 생기지는 않는다. 대화법은 새로운 언어다. 외국어를 생각하면 쉽다. 기본이 되는 수업을 듣고, 안전한 사람들과 연습하고, 조금 자신감이 생기면 일상생활을 하며 써본다. 자꾸 실수하고 부딪혀야 몸에 익는다. 마음처럼 되지 않아 좌절하고, 또다시 시도하면서 익숙해질 때 변화가 생긴다. 그렇게 내가 달라지면 주변에서 먼저 묻는다.

너 뭐 해?
나도 알려줘!

내가 예전과 다르게 듣고 말하자 사람들이 물었다.

"너, 뭔가 좀 이상(?)한데?"

"진희 씨 뭐 배웠어? 나도 알려줘."

그러면 슬쩍 "대화법을 바꿨을 뿐인데……"라며 말을 꺼냈다. 내가 달라진 대화법으로 사는 것, 새 대화법을 전도하는 거의 유일한 비결이다. 소중한 것을 권하고 싶다면 그것을 먼저 맛보게 해줘야 한다. 깊이 공감 받아 연결되는 경험을 하면 상대방이 알아보고 먼저 묻는다.

여전히 '왜 내가 먼저 해야 하나' 억울한 마음이 들지도 모르겠다. 하지만 전혀 손해볼 것이 없다. 비폭력대화로 가장 덕을 보는 건 다름 아닌 '나'이기 때문이다. 내가 내 이야기를 잘 들어주면 말 상처를 주는 사람들 사이에서도 자기 혐오에 빠지지 않을 수 있다. 남들이 바뀌길 기다리고 원망하며 세월을 보내느니 나부터 돌보는 게 낫다.

비폭력대화를 배우고 삶에 적용하며 많은 것이 변했다. 전에는 하루하루가 시험이고 전쟁이었는데 이제 대체로 평화롭다. 심지어 삶이 재밌기까지 하다. 갈등이야 늘 생기지만 두렵지 않다. 긴장하고 눈치 보느라 어깨가 뻣뻣했는데 한결 가벼워졌다. 가까운 사람은 안다. 내가 예전처럼 듣기 힘든 말을 참고 듣고 있거나 하고 싶은 말을 하지 못해서 화나는 일이 많이 줄었다는 사실을 말이다.

가깝다고 여겨서 오히려 함부로 말했던 가족과 친구는 내가 어딘가 많이 달라졌다고 말한다. 눈에 띄게 나서진 않지만 원하는 것을 시의적절하게 표현했더니 마음이 편안해졌다. 에너지를 불필요하게 낭비하지 않는다. 무엇보다 안전한 관계가 나를 단단하게 붙잡아준다는 믿음 덕분에 든든하다.

내가 어린 시절 얼마나 사랑받고 자랐는지, 공감 능력을 타고났는지에 더는 연연하지 않게 되었다. 불편했던 사람들과의 관계가 편안해지고, 주변 사람들의 장점과 매력이 보인다. 오랜 갈등이 조금씩 누그러지고 마음이 평화로워진다. 막연하게 겁나거나 두려운 상황도 줄어든다. 새로운 사람을 만나거나 새롭게 도전할 용기가 생긴다. 삶에 생동감이 깃든다.

이런 변화는 그저 눈으로 책을 읽고, 머리로 이해한다고 생기지 않는다. 집 근처에 식당이 새로 생겼다고 상상해보자. 지나가며 힐끗

"새로운 가게가 생겼네?" 하고 말 수도 있지만 잠시 그 앞에 멈춰 서서 메뉴를 보고, 가게 안을 들여다보면 좀 더 그 식당에 대해 잘 알게 된다. 호기심이 생긴다면 인터넷에 들어가 다른 사람들의 후기를 찾아본다. 그렇지만 밖에서 잠깐 살펴보고 남의 평가를 참고하는 것만으로는 한계가 있다.

그 식당을 제대로 알려면 어떻게 해야 할까? 내가 직접 문을 열고 들어가 주문하고 먹어봐야 한다. 어떤 식재료를 쓰는지, 어떤 음악을 트는지, 조미료를 많이 쓰는지, 서비스가 좋은지 나쁜지. 내가 경험하고 느껴봐야 진짜 내 것이 된다.

비폭력대화를 "어? 좋은 말이네"로 끝내지 않고 삶의 일부로 들인다면 어느새 누군가 물어올 것이다.

"○○씨, 뭔가 달라졌는데. 뭐에요? 나도 알려줘요."

비폭력대화가 유행(?)하면 벌어질 일

'비폭력'이라는 단어 때문일까? 많은 사람이 비폭력대화를 착하고 예쁘게 말하는 대화법으로 오해한다.

비폭력대화는 갈등을 회피하거나 문제에 완곡하게 대응해서 화기애애한 분위기를 유지하는 대화가 아니다. 오히려 문제에 전적으로 관여해서 문제에 얽힌 다양한 이들의 욕구를 돌본다. '비폭력' 하면 떠오르는, 인도의 독립운동가 간디가 사용한 개념과 같다. 비폭력은 우리 마음 안에서 폭력이 가라앉고 자연스러운 본성인 연민으로 돌아간 상태를 말한다.

비폭력대화가 가장 중요하게 여기는 것은 자신과의 연결이다. 타인에게 공감하고, 갈등을 해결하기에 앞서 자기 자신을 있는 그대로 수용하고, 스스로에게 행하던 폭력을 멈추길 권한다. 자신을 연민으로 대하기, 존재에 대해 편안하고 즐겁게 느끼기, 욕구에 기반을 두어 내가 하고자 하는 말과 실제 하는 말이 일치하기. 이런 것들이 내가 경험한 비폭력대화의 면면이다.

나 자신과 연결되면 같은 상황에서도 다르게 행동할 힘이 생긴다. 끝이 아니다. 타인의 느낌과 욕구가 들리고, 그것을 존중할 여유가 생긴다. 실제로 이렇게 하자 다른 사람과 연결되기 시작했다. 나 혼자는 할 수 없는 일들을 누군가와 함께 해내고 있다. 그 과정은 버겁거나 상처가 되기보다 든든하고 찡하고 기쁘다. '연대'나 '회복'처럼 아득하게 느껴지던 단어들이 무엇인지 알아가고 있다.

비폭력대화를 배우기 전, 오랜 시간 내 감정 통장은 늘 마이너스였다. 매번 메꾸느라 정신없고, 여기저기에 구멍이 나곤 했다. 하지만 이제는 다르다. 요즘은 여기저기서 생각지도 못한 돈이 입금되는 기분이다. 잔고가 차고 넘치니 나누고 싶은 마음에 이렇게 책까지 쓰게 되었다.

비폭력대화가 좁게는 한국, 넓게는 전 세계에서 유행(?)하는 광경을 상상한다. 누군가에겐 엉망진창처럼 보일지도 모르겠다. 각자 자기 목소리를 내는 세상, 서로 존중하고 존중받는 세상, 돈이나 권력이 아니라 욕구로 사람들이 움직이는 세상, 무기력 대신 생동감이 넘치는 세상, 각자가 70억 분의 1만큼 애써서 조금씩 나아지는 세상, 떠들썩하고 신나는 세상.

상상의 나래를 좁혀 한반도로 돌아오자. 도무지 해결 기미가 보이지 않는 세대와 젠더, 지역, 계층 갈등이 누그러진다면? 특정 사회 문제에 쏠린 사람들의 에너지가 성장과 아름다움, 그리고 서로에 대한 돌봄에 기울여진다면? 이어서 떠오른 광경은 뜻밖이다. 비폭력대화를 공부하며 내가 내린 가장 의외의 결정 때문인 것 같다.

전쟁터 같은 세상에 누군가를 내 맘대로 태어나게 해도 괜찮을까?

한국이 젊은이와 아이들로 북적거리는 모습이 떠오른다. 대화법을 이야기하다 갑자기 젊은이니, 아이들이니 엉뚱하게 들릴지도 모르겠다.

정부는 지원금을 비롯해 각종 혜택으로 출산율을 높이려고 애쓴다. 물론 주거 문제와 의료비, 일자리 같은 경제적 여건은 아이를 낳을지 말지 결정하는 데 중요한 요인이다. 그러나 출산과 양육에 대한 결정적인 고민은 수치나 정책에 관한 것이 아니다.

나는 나 하나 건사하기 버거운 삶을 살면서 아이를 낳는 건 무책임한 일이라고 생각했다. 태어나서 남에게 폐나 안 끼치고 살면 다행이라 믿었다. 그래서 아래 질문을 거듭 되물었다. 이 질문에 '네'라고 대답하지 못하는 한 아이를 낳는 것은 위험천만한 일이라고 생각했다.

- 한국은 아이들이 태어나서 안전하게 살 수 있는 환경인가?
- 한국의 빈부와 세대, 젠더 갈등은 앞으로 줄어들까?
- 한국은 사람이 존중받으며 자기답게 사는 사회인가?
- 한국의 미래에 조금이나마 희망이 있을까?
- (위의 모든 것이 충족된다고 쳐도) 날 닮은 아이를 낳고 싶을 만큼 나는 나를 사랑하는가?

나의 답은 모두 '아니요'였다. '아니요'를 '네'로 바꾸기 위해 무엇을 해야 할지도 몰랐고, 설령 방법을 안다 해도 해볼 용기가 없었다.

지금도 '네'라고 선뜻 대답하기 어려운 문제다. 하지만 대화법을 공부하며 하나하나 답이 달라지기 시작했다. 나와 주변 관계, 아주 막연하게는 내가 몸담은 공동체나 사회가 나아질 수 있다는 희망이 생겼다. 적어도 내가 무엇을 어떻게 해야 바라는 세상에 가까워질지 알게 되었다. 그러자 용기가 났다. 덕분에 아이들을 만났다. 초고를 쓸 때는 태동으로, 지금은 종알거리며 내게 말을 건다. 그 누구보다 훌륭한 나의 비폭력대화 선생님이다. 만약 비폭력대화를 공부하지 않았다면 나는 이 빛나고 경이롭고 아름다운 친구들을 만나지 못했을 거다.

다시 하나하나 되새긴다. 안전 문제나 사회 갈등이 해결되리라는 기대, 서로에 대한 존중과 희망이 있는 세상, 자기 자신에 대한 신뢰와 사랑이 충족되는 사회는 출산율을 걱정하지 않는다. 어디 출산율뿐이겠는가, 엄청난 예산과 인력을 쏟아부으며 감당하고 있는 여러 문제가 봄볕에 눈 녹듯 사라질 거라 확신한다.

노파심에 덧붙이자면, 결혼과 출산이 정답이라는 뜻은 결코 아니다. 누구든 타인의 시선이나 사회의 압박에서 벗어나 자신을 위한 선택을 할 수 있어야 한다는 말이다. 결혼과 출산은 그 선택의 하나일 뿐이다.

각자가 자유롭고 강해지길, 그래서 소중한 선택을 할 용기가 생기길 기도한다. 그 선택으로 풍요로워진 삶을 맘껏 누리는 장면을 매일 매일 생생하게 떠올린다.

에필로그

감사의 말

부록

에필로그

부족 말고 충족

부족한 책이지만 에필로그 쓰는 이 순간을 축하하고 싶다. 무언가를 해내도 곧바로 고칠 점을 떠올리느라 축하한 기억이 별로 없기 때문이다. 어린 시절의 일기장을 펼쳐보면 몇 줄에 한 번씩 어김없이 '부족'이 등장한다. 여덟 살 아이가, 중3 소녀가, 대학 신입생이 뭐가 그렇게 부족했을까? 부족은 이제 지긋지긋하다.

그런데 이 책을 쓰면서도 내내 부족함만 생각했다. 내 이야기를 도대체 누가 궁금해할까? 내가 독자들의 마음에 닿을 수 있을까? 그냥 출판사에 못하겠다 말하고 계약금을 토해낼까? 하지만 '누군가'는 내 이야기를 읽으며 기운을 얻지 않을까 하는 가느다란 끈을 붙잡고 버텼다. 격려와 응원이 듬뿍 담긴 책을 수시로 읽어야 했다. "해야 할 가치가 있는 일은 서툴더라도 할 가치가 있어"라는 말이 큰 격려가 되었다. 그로도 충분하지 않으면 독자의 자리에 스무 살의 나를 앉혔다. 적어도 그때의 내겐 이런 이야기를 해줄 누군가가 필요했다.

이 책이 당신에게 조금이나마 도움이 되기를 바라지만 실은 그 누구보다 나 자신에게 큰 도움이 되었다. 책을 쓰면서 과거의 나를 돌봤다. 현재의 나와 연결되고, 꿈과 비전을 다듬었다. 자유, 선택, 도전, 열정, 존재감, 자각, 자기 신뢰, 용기, 진실함, 평화 등 수많은 욕구가 충족되었다. 이 책을 시작으로 '부족'보다 '충족'을 더 많이 쓰는 사람으로 살고 싶다. '부족'하다는 목마른 외침에 정성과 사랑을 듬뿍듬뿍 부어주겠다.

당신도 여정을 함께하며 여러 욕구가 충족되었기를 바란다. 대화 속 폭력을 의식하며 평화를 향해 살아가길, 그 누구보다 자기 자신에게 먼저 연민과 공감의 손길을 건네길 기도한다. '비폭력대화'라는 아름다운 도구가 조금이나마 익숙해졌다면 책을 쓴 보람이 있겠다.

대화법을 공부했다고 모든 관계가 좋게 바뀌진 않았다. 특히 부모님과의 관계는 여전히 어렵다. 만나서 겉도는 이야기만 하다 헤어지기도 한다. 다만 두 분의 말을 예전과 다르게 들으려고 노력하고 있다. 비극적인 표현에 압도되지 않고, 말로 표현하지 못하는 마음을 이해해보려고 애쓴다. 삶이 여의치 않음에도 꿋꿋하게 살아주셔서 감사하다.

만약 내가 자라는 과정에서 부모님의 한없는 지지와 사랑을 받았다면 공감을 공기처럼 당연하게 여겼을지도 모르겠다. 대화에 대해 고민하지도 않았을 거다. 하지만 덕분에 값진 공부를 하게 됐고, 이 공부가 아니었으면 만나지 못했을 이들과 연결되는 행운을 얻었다. 올해도 NVC LIFE 과정으로 새로운 인연들과 배움의 끈을 이어가고 있다.

부모님을 고르거나 과거를 돌이킬 수는 없다. 다만 결핍에 발목을 잡힐지, 성장할 기회로 삼을지는 내가 결정할 수 있다. 내가 나를 어떻게 대할지, 타인과 세상을 어떻게 볼지, 이제부터 선택할 수 있다. 나는 폭력에 무심한 사람이 되지 않기를, 가능한 한 무해한 사람이 되기 위해 노력하기를 선택한다.

나는 1980년대에 서울에서 태어나 서울 소재의 4년제 대학을 졸업했다. 집안 형편이 넉넉하진 않았지만 생존을 위협받을 정도로 가난하지도 않았다. 이성애자고 15년 넘게 정규직으로 일하고 있다. 결혼했고 두 명의 아이가 있다. 나름대로 내 멋대로 살았다고 생각했는데 돌아보니 한국 사회가 40대 여성에게 기대하는 바를 충실히 따르고 말았다. 이 궤적은 내 경험의 바탕인 동시에 나의 한계이기도 하다. 혹 이 책에서 미처 헤아리지 못한 부분이 있다면 알려주기를 부탁드린다.

책을 쓰는 동안 코로나-19가 세상을 완전히 바꾸어놓았다. 하루에도 몇 번씩 '대화를 자제하라'는 긴급재난 문자를 받았다. 사람과 사람 사이의 거리가 점점 멀어지는 것 같아 안타깝고 걱정스러웠다. 이럴 때일수록 안심하고 마음을 나눌 관계가 절실하다. 누군가 단 한 명이라도 나를 있는 그대로 봐 주고 어떤 이야기든 안전하게 들어주면, 사람은 산다. 내 주변에 '그 한 명'이 필요한 사람은 없는지 늘 살피겠다.

감사의 말

팟캐스트 〈대화만점〉을 함께 만들어온 비폭력대화 국제공인 트레이너 이윤정 선생님과 음악인 정지찬님, 한영란님, 김세은님, 김새스라님은 모두 나의 스승이자 소중한 친구들이다. 이들 덕분에 나이와 성별을 초월한 연결을 경험했다. 함께 진심으로 제작하며 많이 울고, 또 웃었다.

청취자들이 용기 내어 보내주신 대화 경험은 제작팀과 다른 청취자들을 무럭무럭 자라게 했다. 서로 도저히 이해하지 못할 것 같은, 사람들이 연결되는 순간을 목격했다. 정지찬님은 이 느낌을 〈연결되어 있으니까〉라는 곡에 담았다. 섬처럼 떨어진 한 사람 한 사람이 이어지는 데 이 책이 디딤돌이 되기를 바라며 가사를 부록에 싣는다.

유명하지 않은, 뽐낼 만한 말솜씨를 가지지 못한 내 이야기를 누가 궁금해할지 늘 의심했다. 용기 내라고 격려해준 분들께 깊이 감사드린다. 비록 마무리까지 함께하진 못했지만 이 책의 첫 독자이자 차분하고 끈기 있게 나를 설득해준 백주영 에디터에게 참 고맙다. 출산과 육아로 원고가 기약 없이 늦어지는데도 기다려준 마일스톤 출판사 편집팀에도 감사하다.

연애 시절, 비폭력대화를 함께 공부해보자는 이상한(?) 제안을 흔쾌히 받아들이고, 이제 가장 가까이에서 평생의 도반이 되어주는 세호 씨에게 깊이 감사한다. 덕분에 존재만으로 감동인 우주와 지구를 만났다. 이 두 녀석을 보며 연민과 평화가 우리의 본성임을 실감한다.

부록1

연결되어 있으니까

(* 작사/작곡: 정지찬)

뿌리에서 줄기로, 줄기에서 잎으로
잎 끝에서 거미줄, 거미줄에 이슬이
이슬이 내 손끝에 닿아
땅에서 다시 뿌리로

너의 눈에 이슬이, 이슬이 내 손끝에
손끝에서 가슴에, 가슴에서 눈으로
너의 눈에 눈물이 나면
내 손끝에서 눈물이 난다

우린 연결되어 있으니까 멀리 있는 것 같아도
우린 연결되어 있으니까 떨어져 있는 것 같아도
멀리 있어도 떨어져 있어도
같은 하늘 같은 숨으로 우린

우린 마치 섬처럼 바다로 갈라져서
떨어진 것 같았지 외로웠던 이유는
모르기 때문이었음을
깊은 바다 밑으로 항상

우린 연결되어 있으니까 멀리 있는 것 같아도
우린 연결되어 있으니까 떨어져 있는 것 같아도
멀리 있어도 떨어져 있어도
같은 하늘 같은 숨으로 우린

우린 연결, 연결, 연결되어 있으니까 멀리 있는 것 같아도
우린 연결되어 있으니까 떨어져 있는 것 같아도
멀리 있어도 떨어져 있어도 같은 하늘 같은 숨으로

네 개의 귀, 솔직하게 말하고 공감하며 듣기

Q : 기린이 가진 아래 장기 중에 가장 크고 강력한 것은?
(*힌트: 기린은 목이 길다)

❶ 위 ❷ 심장 ❸ 신장 ❹ 폐

정답은 2번 심장이다. 기린의 뇌는 길고 긴 목 위에 있다. 포유류의 뇌는 제대로 기능하려면 많은 양의 혈액이 필요하다. 높은 곳까지 혈액을 보내기 위해 기린의 심장은 그 어느 동물보다도 부지런히 강하게 움직인다.

비폭력대화를 만든 마셜은 기린을 공감과 평화의 상징으로 사용했다. 비단 심장이 커서만은 아니다. 기린은 키가 커서 높고 넓은 시야를 가지고 있고, 유약해 보여도 자기 자신이나 새끼를 지켜야 할 때는 강력한 힘을 발휘한다. 필

요하면 매우 빠르게 달리고, 다른 동물을 공격하기도 한다. 사자조차도 다 자란 기린에게 제대로 걷어차이면 두개골이 산산 조각나거나 척추가 부러진다. 기린은 두껍고 날카로운 가시가 촘촘한 아카시아 줄기도 먹을 수 있다. 침에 가시를 녹이는 성분이 들어 있기 때문이다.

'비폭력'이라는 수식 때문에 비폭력대화가 '예쁘고 착하게 말하는 법'이라고 생각하는 사람이 많다. 비폭력대화는 기린처럼 자신을 지키는 힘 있는 대화법이다. 솔직하게 말하고 공감으로 들으며 단절된 관계를 회복시킨다.

반대로 단절과 폭력을 상징하는 동물이 있다. 개과의 육식성 동물인 '자칼'이다. 자칼은 다른 동물이 사냥한 먹이를 훔치거나 사체를 뜯어 먹으며 산다. 날카로운 이빨과 발톱으로 상대를 공격하는 모습이 마치 습관적인 말로 서로를 할퀴고 물어뜯는 상황과 닮았다.

그렇다고 '자칼이 악惡, 기린은 선善'이란 의미는 아니다. 우리 모두 자칼과 기린 사이를 오가며 살아간다. 자칼 안에는 좌절된 욕구를 폭력적으로밖에 표현할 줄 모르는 상처 입은 기린이 있다. 욕구가 충족되지 않았을 때 자칼은 공격적인 말로 상처를 드러내지만 좌절된 욕구를 알아주면 기린의 언어로 달리 들린다.

우리는 폭력적인 말을 들었을 때 네 가지 중에 선택할 수 있고 이를 기린과 자칼에 빗대면 괄호 안과 같다.

1. 자기 자신을 탓하기 – 스스로에 대한 비난과 원망(자칼 IN)
2. 다른 사람을 탓하기 – 타인에 대한 비난과 공격(자칼 OUT)
3. 자기 자신에게 공감하기 – 스스로의 느낌과 욕구 알아채기(기린 IN)
4. 다른 사람에게 공감하기 – 타인의 느낌과 욕구 알아주기(기린 OUT)

네 가지 선택을 이해하기 위해 특정한 상황을 떠올려보자.

어느 딸이 부모님과 효도 여행을 떠났다. 딸은 여행 내내 부모님(특히 아빠)과 갈등했다. 아빠는 돈이 아깝다며 사사건건 트집을 잡았다. 입장료가 있는 곳은 들어가지 않으려 하고, 밥도 대충 먹자고 주장하고, 숙소가 부담스럽다며 들어가지 않으려 한다. 딸은 어떤 선택을 할 수 있을까?

1) 자칼 IN (딸의) 스스로에 대한 비난과 원망: "다 내 잘못이야."

아버지: 아이고 뭔데, 여기 들어가면 되는 거야?

딸: 응, 응, 여기야.

아버지: 여기가 뭐 하는 덴데?

딸: 여기 정원 지나면 호텔 나올 거야. 우리 같이 묵을 데.

아버지: 뭐? 호텔? 뭐 하러 호텔에서 자. 자면 다 똑같지. 거기가 거기야.

딸: 비행기도 타고 피곤하실까봐 좋은 데로 잡았는데 내가 잘못했구나? (침울) 아빠는 이런 거 별로 중요하게 생각하지 않는데 내가 헛돈 쓴 거구나.

아버지: 아니, 힘들게 번 돈 이런 데 다 날리니까. 나는 이런 데 오면 잠도 안 와.

딸: (자책) 내가 아빠한테 맞는 장소를 못 골랐네. 열심히 알아본다고 봤는데 더 열심히 알아봤어야 하나.

아버지: 빨리 다른 데 알아보러 가자.

딸: 지금?

아버지: 그래, 돌아보면 금방 나올 거야.

딸: 왜 난 맨날 이런 식이지? 이번 여행은 잘하고 싶었는데. 아빠한테 늘 부족한 딸이고, 그래서 열심히 준비했는데 아빠 맘에 드는 게 하나도 없네.

아버지: 아휴, 왜 그래. 분위기가…….

딸의 말소리는 점점 낮아지고 몸은 바닥으로 끌려내려가듯 무기력해진다. 자기 욕구를 무시하고 자책하고 비난한다. 자신과도 단절되고 아버지와도 단절된다. 말을 길게 해도 정작 하고 싶은 말은 하지 못한다. 이때 느끼는 감정은 죄책감, 수치심, 우울함이다.

아버지도 딸이 무엇을 원하는지 끝내 알지 못한다. 자기주장만 앞세우고 해결책을 제시하기 바쁘다. 딸을 보며 초반엔 '안쓰럽다', '안 됐다'고 생각했지만 점점 답답하고 짜증난다. 처음의 마음과 달리 딸에게 공감해주고 싶은 마음이 사라진다.

자칼 IN을 마치 착한 사람의 태도로 보기 쉽다. 하지만 자칼 IN을 하는 사람은 자기만 비난하는 게 아니라 상대에 대한 비난을 바탕에 깔고 있다. 다만 드러내지 않을 뿐이다. 자칼 IN을 하는 사람은 남들이 나를 어떻게 보는지가 중요하다. 그래서 내 느낌과 욕구를 표현하기보다는 변명하거나 눈치를 보며 상대의 주장과 기분에 맞추려 한다. 자존감이 손상되어 진정한 인간관계를 가지기 어렵다.

딸이 하는 말은 실은 '부탁please'이다. 자신이 애써 준비했고, 부모님을 만족시켜드리기 위해 노력했다는 것을 알아주길 원한다. 이 여행으로 추억도 쌓고, 인정받고, 행복하길 원한다. 하지만 자칼 IN 대화로는 이런 목표를 이루기가 어렵다.

2) 자칼 OUT (딸의) 타인에 대한 비난과 공격 : "다 아빠 잘못이야."

딸: 아빠 여기, 여기! 이제 들어가서 체크인하면 돼.

아버지: 체크인이 뭐야?

딸: 호텔은 묵기 전에 신고를 하거든.

아버지: 호텔? 뭔 호텔을 왔어. 아무데서나 자면 되지. 자는 건 다 똑같은데.

딸: 무슨 소리야, 아빠. 비행기 타고 와서 피곤하잖아. 아빠 생각해서 오랜만에 힘 좀 썼는데 딸이!

아버지: 아니, 여기 어디 찜질방 없나? 찌뿌드드한데.

딸: 찜질방이 어딨어? 어디서 찜질방을 찾아 지금. 딸이 노력해서 여기까지 왔는데 아빠는 말을 그렇게밖에 못해? 그냥 한 번 '아이고 좋구나' 하고 즐겨주면 안 돼?

아버지: 호텔 이런 데서 자지 말고 빨리 다른 데 알아보러 가자.

딸: 아니, 왜 자꾸 우겨?! 내가 예약을 해놨다는데.

아버지: (원망) 우기긴 뭘 우겨. 이런 데 온다고 미리 말을 했어야지.

딸: (비난) 그냥 들어가면 되잖아. 그게 그렇게 어려워? 두 발 있으신데 걸어가면 되잖아.

아버지: (단절) 니들이나 가서 자. 난…….

딸: 왜 또 삐쳐? 어!

아버지: (어머니를 보며) 여보, 우리 돗자리 갖고 왔지? 여기 잔디밭 좋구먼.

두 사람의 목소리가 점점 커진다. 언성이 높아져도 마음은 서로에게 닿지 못한다. 서로 감정만 내뿜을 뿐이다.

아버지는 딸의 이야기를 듣고 공격받는 것 같아서 점점 더 화가 난다. 딸은 딸대로 아버지가 자신의 말을 듣지 않으니 화가 난다. 대화를 마친 두 사람은 서로 단절되고 상처받는다. 이런 대화 끝에 남는 것은 결국 분노와 원망, 좌절감뿐이다.

자칼 OUT 대화는 서로의 말이 공격으로 들린다. 상대의 지적을 반박하느라 욕구로 연결되지 못한다. 상황의 모든 책임을 상대의 탓으로 돌리고, 죄책감이나 수치심으로 상대를 조정하고 공격하고 벌주려 한다.

자칼 OUT 대화는 자칼 IN 대화에 비해 수습하기가 더 어렵다. 서로 내지르면 그 순간은 속이 시원하지만, 상대에게 준 상처는 돌이킬 수 없기 때문이다. 단절과 파국이 반복되며 강도가 높아진다.

이 대화에서도 딸이 하는 말 역시 '부탁please'이다. 자신이 준비한 것을 부모님이 수용해주고, 다 같이 편안하고 재미있게 여행하길 바란다. 자칼 OUT 대화로는 이 마음을 전할 수 없다.

3) 기린 IN (딸이) 스스로의 느낌과 욕구 알아채기 : "나는 이걸 원해."

딸: 아부지, 여기 호텔 들어가시면 돼. 체크인하고 한숨 자고 나가게.

아버지: 뭐? 호텔에서 자는겨? 여기까지 와서?

딸: 응.

아버지: (비극적 표현) 힘들게 벌어가지고 이렇게 다 날리는겨? 이럴 줄 알았어.

딸: 아빠, 나 너무 당황스럽네. (본인의 느낌을 표현)

아버지: 뭐가 당황스러워?

딸: 난 아빠가 좋아할 줄 알았거든. 이거 예약할 때 '우리 딸 덕분에 호텔에서 자보는구나' 이런 말 듣겠지 상상하며 예약했단 말이야.

아버지: 이게 뭐가 좋아. 호텔에서 자는 게. 아이고 참.

딸: 나는 이거 준비하는 동안 기뻐할 아빠 모습 상상하며 예약했는데, 아빠가 여기까지 와서 이렇게 역정부터 내니까 조금 서운해. (본인의 느낌을 표현)

아버지: 뭘 얘기를 그렇게 하고 그래. 당황스럽기는.

딸: 나는 그냥 기분 좋게 들어가서 '아, 호텔은 이렇게 생겼구나' 하면서 쉬시다가 재밌게 보내다 가면 좋겠거든. (본인이 원하는 것을 표현)

아버지: 아니, 기분 내는 건 그런데 니들 애써 벌어서 이런 데서 하룻밤에 다 쓰니까 안타까워서 그렇지.

딸: 나는 이왕 쓰는 돈 기분 좋게 쓰고 싶은데, 아빠가 나를 면박주고 그러면

(면박=상대의 말에 대한 평가)

아버지: 아유, 면박이 아니고 (방어) 나는 이런 데서 이렇게 자고 그런 적이 없어.

딸: 그니까, 내 덕분에 들어가서 자면 되잖아.

기린 IN 대화는 듣기 힘든 말을 들었을 때 자신의 느낌과 욕구에 집중하는 대화다. 자기 공감을 거치며 평화를 유지한다. 상대와 연결되고 싶다는 대화의 목적을 잊지 않는다. 그제야 비로소 상대에게 내가 원하는 것이 전해진다. 상대도 자기감정과 욕구를 표현할 여유가 생긴다.

딸은 당황스럽고 서운하다. 아빠를 기쁘게 해드리고 싶어 여행을 준비했는데, 그 마음이 전해지지 않아 안타깝다. 연결, 편안함, 즐거움, 기여, 인정 등의 욕구가 충족되지 않았다.

아버지는 안타깝고 걱정스럽다. 딸이 안정되고 여유롭길 원한다. 무엇보다 이런 본인의 염려가 수용되고 존중받길 원한다.

이제야 딸과 아버지가 서로에게 하는 '부탁please'이 조금씩 들리기 시작한다.

이 대화는 팟캐스트 〈대화만점〉에서 청취자 사연을 소재로 출연자들이 한 상황극을 추린 것이다. 출연자들에겐 상황만 주기 때문에 기린 IN을 연습하고 있지만 사이사이 자칼이 등장한다. 실제로 내면의 자칼이 수시로 튀어나오기 때문에 거르지 않고 그대로 옮겼다. 교과서 속 정답이 아니라 살아 있는 대화를 보여주기 위해서다.

가령 '역정을 낸다'거나 '면박을 준다'는 표현은 관찰이 아니다. 상대의 말이나 행동에 대한 평가다. 딸이 아버지를 공감해주려다가도 평가하는 말이 한 마디라도 등장하면 아버지는 방어 모드(예: 뭘 얘기를 그렇게 하고 그러니, 면박이 아니고)로 바뀐다. 사람은 남녀노소를 불문하고 폭력적 표현을 기가 막히게 알아차린다.

4) 기린 OUT (딸이) 타인(아빠)의 느낌과 욕구 알아주기 : "아빠는 이걸 원하지?"

(아빠는 여전히 호텔에 들어가지 않으려고 한다.)

딸: 아빠, 놀랐어? (상대의 느낌을 물어봄)

아버지: 아이구, 뭘 놀래. 호랑이도 아니고 (농담으로 받아넘기지만 느낌을 물어봐주니 톤이 차분해진다.)

딸: 그럼 아빠 어디서 잘 줄 알았는데?

아버지: 그냥……, 아휴 나는 이렇게 비싼 데서 자지 않아도 돼.

딸: 아빠, 나 돈 많이 쓸까봐 걱정돼? (상대의 느낌을 다시 물어봄)

아버지: 그럼, 너희들 이제 자리 잡고 그래야 되는데.

딸: 아빠가 나한테 쓴 돈 아까운 적 있어?

아버지: (잠시 침묵, 어색해서 농담) 아니, 뭐 몇 번 있긴 하지만. 있어도 그게 뭐.

딸: 나도 그래. 나도 별로 아깝지 않아. 아빠한테 쓰는 돈.

아버지: 그래, 나도 아까운 적은 없었지.

딸: 그래, 아빠가 그런 기분으로 나한테 돈 썼던 것처럼 나도 이제 아빠한테 해주고 싶단 말이야. (아빠 침묵) 아빠가 나 어렸을 때 나 좋은 거 입히고 먹이고 좋은 데 데리고 가고 싶었던 것처럼 나도 이제 아빠 모시고 좋은 거 보고 싶고 좋은 데 가고 싶고 그렇단 말야.

아버지: (어색해서 너스레) 그래, 너 어렸을 때 옷은 내가 신경 많이 썼지.

딸: 아빠, 그럼 우리 이따가 밥 먹고 쇼핑갈까?

아버지: 무슨 쇼핑, 그냥 여기서……. (돈을 많이 쓸까봐 다시 거부)

딸: 아니, 나 옷 입히고 그런 거 좋았다며! 나도 아빠 멋진 옷 입고 기분 좋은 거 보고 싶어. 비행기 타고 오느라 힘들었으니까 일단 들어가서 한숨 자고 쇼핑할까?

아버지: 그래, 쇼핑은 나중에 생각하고 일단 들어가자.

딸: 짐 풀까?

아버지: 나가서 사발면 사 와. (여전히 돈 많이 쓸까봐 걱정)

딸: 아니, 아빠 여기서 사진 찍자. (돈이 들지 않는 대안 제시)

아버지: 그래 사진 찍는 건 돈 안 드니까

딸: 그럼 여기 서봐바. (찰칵! 찰칵!)

딸은 자기 공감을 바탕으로 이 여행을 준비한 애초의 마음가짐과 자신이 원하는 것을 분명하게 표현한다. 아버지는 딸이 돈을 많이 쓸까봐 여전히 염려하면서도 딸의 욕구를 이해한다. 서로의 욕구가 만나는 순간, 목소리가 편안해진다. 가족으로 살면서 쌓은 사랑과 서로에 대한 감사가 살아난다. 기린 OUT 대화는 놀라운 연결을 경험하게 해준다.

가족 여행은 즐거움, 편안함, 휴식, 공감, 회복, 치유, 연결, 추억, 감사, 기여, 공유를 비롯해 셀 수 없이 많은 욕구를 채울 기회다. 하지만 막상 떠나면 서로 돕기보다 내 노력을 인정받지 못해 삐치고, 자식을 걱정하느라 즐기지 못하고, 미리 상의하지 않았다고 섭섭해하고, 돈을 아끼기 위해 싸우고, 서로의 마음에 상처를 준다.

가족 여행을 떠날 기회는 생각보다 많지 않다. 자칼과 함께할 것인가, 기린과 함께할 것인가. 여행뿐 아니라 인생의 매순간 우리는 선택할 수 있다.

부록3

비폭력대화를 연습하는 데 도움이 되는 콘텐츠

책

《비폭력대화》(마셜 로젠버그, 한국NVC출판사)

비폭력대화를 만든 마셜의 책이다. 이 책을 사두고 읽지 않은 사람을 여럿 만났다. 교과서이자 기본서로 여기고 끈기 있게 읽어보길 권한다. 한국비폭력대화교육원의 수업을 듣고 연습 모임에 참석하는 것이 가장 좋지만 현실적으로 어려운 분들께는 이 책이 가장 정확한 가이드가 되어줄 것이다. 혼자 보기 어렵다면 북클럽을 만들어 한 장씩 함께 읽고, 루시 루의 워크북을 함께 활용해보는 것도 좋은 방법이다.

비폭력대화 : http://www.yes24.com/Product/Goods/57499189?OzSrank=1

비폭력대화 워크북 : http://www.yes24.com/Product/Goods/59097475

《마음챙김과 비폭력대화》(오렌 제이 소퍼 지음, 불광출판사)

대화의 본래 기능을 회복하기 위해 반드시 기억해야 할 세 가지를 안내하는 책이다.

본래 기능이란 자신이 의도하는 바 그대로를 전달하고, 상대방의 말을 오해 없이 듣는 것이다. 비폭력대화에 초기불교 수행 전통에서 유래한 명상법인 마음챙김을 결합, 보완하여 알려준다. 내용이 불교에 근간을 두고 있지만 다른 종교를 가진 이가 읽기에도 큰 무리가 없다. 알아차림awareness과 현존existence에 대해 깊이 알고 싶다면 이 책을 추천한다.

(*관련 내용: 3장 중 '지금 여기: 현존')

《오늘의 나를 안아주세요》(이윤정 지음, 한국NVC출판사)

100일간 하루에 하나의 욕구를 돌볼 수 있게 도와주는 워크북이다. 카카오 프로젝트를 통해 수백 명이 축적한 욕구 명상 노하우가 책 한 권에 담겨 있다. 각각의 욕구를 깊이 이해하고, 그것을 충족시키는 방법에 대해 다양한 아이디어를 얻을 수 있다. 구체적이고 깊이 있는 욕구 명상을 경험해보고 싶은 분께 강력 추천한다.

(*관련 내용: 3장 중 '일상의 자기 돌봄, 욕구 명상')

유튜브

《다섯 개의 의자》

Own Your Behaviours, Master Your Communication, Determine Your Success | Louise Evans | TEDxGenova

비폭력대화 국제인증지도자이자 비즈니스 컨설턴트인 영국의 루이스 에반스가 TED에서 소개한 영상이다. 다섯 개의 의자는 우리가 갈등을 마주할 때 우리의 행동과 언어를 의식적으로 선택하는 과정을 잘 보여준다. 그가 쓴 《5 Chairs 5 Choices》라는 제목의 책을 통해 〈다섯 개의 의자〉를 더 잘 알 수 있다. 이 책은 아직 우리말로는 번역되지 않았다.

https://www.youtube.com/watch?v=4BZuWrdC-9Q

(*관련 내용 : 부록 '네 개의 귀, 솔직하게 말하고 공감하며 듣기')

사실은 이렇게 말하고 싶었어요

초판 1쇄 발행일 2022년 6월 24일
초판 2쇄 발행일 2022년 7월 1일

지은이 이진희
펴낸이 유성권

편집장 양선우
책임편집 윤경선 편집 신혜진 임용옥
해외저작권 정지현 홍보 최예름 정가량 디자인 박정실
마케팅 김선우 강성 최성환 박혜민 김단희
제작 장재균 물류 김성훈 강동훈

펴낸곳 ㈜이퍼블릭
출판등록 1970년 7월 28일, 제1-170호
주소 서울시 양천구 목동서로 211 범문빌딩 (07995)
대표전화 02-2653-5131 | 팩스 02-2653-2455
전자 우편 milestone@epublic.co.kr
포스트 post.naver.com/milestone
홈페이지 www.milestone.com